The Best Quotes of
B A S H A R
creating miracle in your life

本文
バシャール
Bashar

人生に奇跡を起こす
バシャール名言集

翻訳・解説
本田 健
Ken Honda

VOICE

人生に奇跡を起こす
バシャール名言集

はじめに

この本は、単なる名言集ではありません。

あなたの人生を根底からくつがえし、ゼロからつくりかえてしまうパワーを持っています。大げさかもしれませんが、人生を変えたくない人は、今すぐ本を閉じることをおすすめします。

なぜ、そういうことが言えるのか？

それは、私自身がバシャールとの出会いで、信じられないぐらい人生が変わった体験を持っているからです。

最初に出会ったのは、19年前のこと。まだ私も26才で、ごく普通の生活をしていました。このままで終わりたくないとは考えていましたが、当時、そんな人は何百万人もいたことでしょう。そんな時、バシャールに出会いました。

もともとバシャールを知ったのは、経営コンサルタントの船井幸雄さんの著書がきっかけです。その後、一気に既刊本のシリーズを読破し、その明快なメッセージに衝撃を受けるとともに、「いつかは実物を見てみたい！」と思っていました。

　そして、船井さんの講演会で知り合った人から、「今週、バシャールが日本に来ているみたいだけど一緒に会いに行く？」という電話をもらったのです。喜んで出かけてみると、それは千人規模の講演会でしたが、バシャールのメッセージはもちろんのこと、話し方の迫力に度肝を抜かれました。その時、直感的に、この人（!?）とは縁があると思って、講演後ステージまで行き、「将来何かプロジェクトを一緒にやりましょう」と、バシャールをチャネリングするダリル・アンカに声をかけました。

　その帰り道、「そんなことを言うヤツは、たぶん、何百人もいるだろうな、恥ずかしいことをしてしまった」とすごく落ち込んだのを覚えています。その時には、まさか17年後に、それが実現するとは思ってもみませんでした。でも、その言葉通り、私とバシャールは一緒にプロジェクトをやることになったのです。

　それが、２０１０年に発刊した『未来は、えらべる！』（ヴォイス刊）です。

　つまり、これが、私がバシャールに会った時に「選んだ未来」だったということになります。人生は、何と「ワクワク」に満ちていることでしょう。

「ワクワクすることを追いかける」というシンプルなメッセージが、人生を根底から変えてしまうことを、私は身をもって体験しました。何もない状態から、「本が好き！」というワクワクを追いかけて、作家になって今年で10年が経ちました。これまでに50冊以上出版してきましたが、累計発行部数は500万部に迫り、自分でもとても信じられません。テレビなどのマスコミに出ることなく、これだけの部数を売っているビジネス系の作家は珍しいでしょう。また、年間数万人の前で楽しく講演もさせてもらっています。

数年で消える人が多い出版業界で、作家として10年もやってこられたのは、多くの方に支えられたのと同時に、私が一番ワクワクすることを追いかけたからだと思います。

この本にちりばめられたメッセージが引き起こすインスピレーションで、あなたの人生は、最初は静かに、そしてある時から急激に動き出すでしょう。

そして、それは、この本を手に取った時からすでに始まっています。

では、一緒に、ワクワクする人生への旅を楽しみましょう！

本田　健

バシャール

米国在住のダリル・アンカを通してチャネリング（特別な意識状態になり、自分以外の存在から情報を得て伝えること）される宇宙存在。「バシャール」という言葉には、指揮官、存在、メッセンジャーという意味がある。

目次

はじめに　2

第1章
自分のパワーを思い出す

あなたが笑えば、世界も笑う　10
電車に乗り遅れたら、ワクワクしよう！　20
最高の自分に会えるキーワードとは　28
あなたは、「不自由」になれるほど自由である　37
「与えるもの」を、あなたは受け取る　43
本田健メッセージ1　52

第2章

ワクワクを生きる「鍵」を手にする

現実を変える三つのポイント　62
感情は、あなたが何を信じているかを知らせる「警報システム」　70
観念のワナから抜け出すには　77
怖れを未来のために使う　86
猫は猫である時が、一番リスクが少ない　98
本田健メッセージ2　108

第3章

無限の未来を選ぶ

笑おう、リラックスしよう　120
「時間」と「空間」は、あなたがつくり出したオモチャ　128
ワクワクという「万能ツール」を使う　137
「今、ここ」で遊ぶ　146
見て、感じて、なりきる　159
本田健メッセージ3　170
バシャール・新メッセージ――今、新しい生き方を選ぶ　178
おわりに　184

第1章

自分のパワーを思い出す

あなたが笑えば、世界も笑う

「現実」が笑うのを待ち続けないで
あなたがまず笑ってください。
「現実」は鏡に映ったあなたの反映です。
先に笑うことはできないのです。

BASHAR 2006 69p

現実は、あなたを忠実に映し出している

鏡の中には、実際に何かたしかなものがあるわけではありません。
鏡は、常にあなたの姿を映し出しているにすぎないのです。
現実も、これとまったく同じです。
「自分の外」に何かがあるのではありません。
すべて「自分の中」にあります。

現実は、あなたが真実だと信じているものの産物です。
それ以上でも、それ以下でもありません。
あなたが「これが真実だ」と思っている、
もっとも強い考え、観念、感情が外に映し出されているのです。

BASHAR⑦ 22-23P

まず、自分自身が変化する

「自分の見ている現実が変化するまで、私の現実は変化したとは言えない」
と思っているとしたら、それは鏡の前でしかめ面をしながら、
鏡に映った像が笑顔にならないと言い張っているのと同じことです。
それでは、長いあいだ変化を待ち続けたあげく、
とても落ち込んで、痛みを感じ、何がいけないんだと思うことになるでしょう。

しかし、「変化はまず、自分の内側で起こらなければならない」と
わかりさえすれば、現実がどんなふうに見えたとしても、
あなたはその現実に対して、以前とは違った反応をします。
それが「まず自分自身が笑顔になる」ということです。
そうすると創造のみなもとは、
その反映として「笑顔」を返さざるを得ません。

BASHAR 2006 69p

現実は、「自分の意識」でできている

ちょっと秘密をお話ししましょう。
本当は、「外」というものはありません。
一人ひとりが、自分の現実を完全に満たしているのです。
あなたが現実の中で体験するすべては、完全に「自分自身」なのです。
この現実は、文字通り、みなさん自身でつくられています。
自分の意識で、できているのです。

BASHAR GOLD 26p

パワーがないと信じることは……

今の自分にパワーがないと信じることは、
自分が死んでいきつつあると信じているということです。
自分にパワーがない時、人もパワーを持たないようにと望みます。

あなたが誰かに教える時は、
「一人ひとりが、すべてのパワーを持っている」と教えてください。
他人も自分も傷つけることなく、
誰もが必要なものを全部創造できるということを。

BASHAR① 33p

パワーを「もっと得る」必要はない

みなさんがすでにパワーを持っているということは、
まぎれもない真実です。
みなさんは、今そのパワーを
さらに獲得することを勉強しているのではなく、
すでにあるものをどうやって引き出すかということを
勉強しているのです。

あなたがつくられた時、
あなたは、すでに「100%のあなた」でした。
そして今でも、あなたは100%です。
何も怖れることはありません。

BASHAR① 246-247P

期待を捨ててみよう

もしあなたが、毎日「こうなってほしい」と思って過ごしているとしたら、あなたのエネルギーは、「期待」になってしまいます。

現実をつくるプロセスではあなたのエネルギーが投影されます。

ですから、その「期待」だらけのエネルギーが投影されることになり、あなたは「こうなってほしい」という思いをずっと抱き続けなければならないような反映を現実として絶えず受け取り、体験することになります。

現実をつくるプロセスでは「期待」を捨てる必要があるのです。
「すでに、こうなっている」という心の状態、情熱的でワクワクする感覚、そんなエネルギーでいることを、本当にシンプルに選択してください。

BASHAR2006 66-67p

起こってほしいことは、3日以内に起こる

あなたが自分の人生に起こってほしいと思うほとんどのことは、
少なくとも3日のうちに起こります。
そのほか、潜在的に望んでいるいろいろな変化が起こるのには
3週間程度かかるでしょう。

無理に起こそうとしなくとも、
ただ起こるのを受け入れればいいのです。
望んでいる変化にエネルギーを注いで、それにそって行動するなら、
それはあなたの人生に起こります。

BASHAR①268p

想像するものを完璧につくり出す自由をあなたは持っている

「こんなひどい状態もすべて自分に責任があるの？
こんなものは、もういらない」と、あなたは言うかもしれません。

理解してほしいのは、あなたを非難するために、
「責任」という言葉を使っているのではないということです。
私は、「想像できるものすべてを完璧につくり出すだけの自由を
あなたが持っている」という意味で、「責任」と言っているのです。
あなたがイメージすることは、すべて実現化できるということです。

BASHAR⑥ 16-17p

あなたがするべき、唯一のこと

まわりに見えるもの、まわりにあると思うもののすべてが、
あなたからつくられています。
それらは、あなたの意識がつくりあげているものなのです。

ですから、新しい世界を構築する、世界を変える時、
あなたが唯一すべきことは、自分自身の意識を変えることだけです。
そうすれば世界は変わります。

BASHAR GOLD 176p

電車に乗り遅れたら、
ワクワクしよう！

なぜそうすべきなのかわからなくても、
人生で起きるすべての状況に
ポジティブな意味を与える時、
シンクロニシティが起き始めます。

BASHAR GOLD 51p

※シンクロニシティ…幸運な偶然の一致

「この意味、知ってるよ」と自動的に考えない

すべての状況、すべての事柄は、本当は中立です。
そして、中はからっぽです。
それがあなたの目にどんなふうに映るとしても、
本来の意味とは関係ありません。
あなた自身が与えた意味が、「あなたにとっての意味」となります。

ポジティブな意味を与えれば、ポジティブな結果が出ます。
ネガティブな意味を与えれば、ネガティブな結果が出ます。
とても簡単な物理学、とても簡単なしくみです。
ですからある状況を見て、自動的に「みんな、この意味知ってるよ」
なんて考えないでください。それにどういう意味を与えたいのかを
自分自身で決断してください。

BASHAR① 104-105p

「乗り遅れた自分」に、新しい意味を与えると……

大切なミーティングのために、あなたは電車に乗ろうとしています。

しかし、ちょうど今、電車は行ってしまいました。

ここにあるのは、中立な状況だけです。

あなたはホームに立ち、電車は去っていく。

この「絵」の中には何の意味もありません。もし、あなたがこの「絵」にネガティブな意味を与えれば、あなたはイライラして怒り始めるでしょう。


では、「絵」をもとに戻します。

あなたをホームに残して、電車は走り始めました。その時、

「なんてこった！　ついてないな」と言うのをやめて、新しい考えを選んだとします。

「今日は違う。私は自分がポジティブなものをつくり出す存在だと知っている」と。

そして、これはポジティブな意味、目的のために起きていると選択します。

その後、あなたはワクワクしながらホームに立って、
これからどんなすばらしい驚きがやってくるのだろうと考えます。
しばらくすると次の電車が来て、あなたはその電車に乗り、
椅子に座って驚きます。隣にもう10年も会っていない友達が座っているのです。
そしてあなたは、大切なミーティングに行くより、
その友達のほうが自分に必要なことをたくさん与えてくれることを知ります。
あなたは気づきます。「こういうことだったのだ！」と。
最初のように怒っていると、結局、友達とはすれちがっていたでしょう。

あなたは、こんなふうに言うかもしれません。
「バシャール、そんなのはたわごとだよ。
それじゃあ、まるでおとぎ話の世界じゃない」と。
でも私は言いたいのです。
これこそが、世界のあり方なのだと。

BASHAR③
139-141p

ポジティブなふりはしない

否定的なものを見ている時に、
ポジティブなものを見ているふりをしろということではありません。
自分自身をだます、ということではないのです。
自分に正直になってもらいたいと思います。
私たちは知っています。
みなさんがいくら頭の中で「これはポジティブなことなんだ」と
言い聞かせても、その時、足がふるえていたら、
それは一生懸命、ポジティブに見せているだけにすぎないということを。
自分を懸命に守らなければいけないと感じている時は、逆に否定的なものを信じ、
そちらのほうがパワーを持っていると信じている時です。
自分で本当に「これはポジティブなものだ」と決め、執着を捨ててください。

BASHAR④ 89-90p

どんな状況からも、肯定的な意味を引き出す

たくさんのものを否定的に感じるのは、
今まで「こういうことが起きたらそれは悪いことだ、
ネガティブなのだ」と教えられてきたからです。
みなさんはよくこう言います。
「こんなことが起きたら、それは悪いことだとみんな知っている」と。

かわりに「これは単なる中立的な状況で、まだ何の意味も持たないのだ」
と言うことができます。

すべての状況は、いい意味にも悪い意味にも、
どちらにもとらえることができるのです。
自分がその中から、ポジティブなものを引き出す姿勢を持てば、
そこからポジティブな結果を生み出すことができます。

BASHAR③ 134-135P

どんな意味づけも、あなた次第

「何かに意味づけをすることにすら意味はない」ということも覚えておいてください。

意味づけをすることさえ、中立的な行為なのです。

何かの出来事に、ある意味づけをする。

それによって、ある感情が生まれ、行動を起こす。

そのことがあなたの助けになっているとしたら、意味づけをすることはポジティブな行為となります。

一方、その出来事に意味を与えることによって、自分では好ましくない感情が生まれ、好ましくない行動をとってしまったとします。
これは、一見ネガティブです。

しかし、たとえ、与えた意味が
好ましくない感情や行動につながったとしても、
「同じ出来事に別の意味を与えることで、
別の感情を生み出すこともできるのだ」と
気づくチャンスにできれば、
これも、ポジティブな行為になり得ます。

意味づけすることとさえ中立、すべて中立的。
あなた次第なのです。

BASHAR2006 85-86p

最高の自分に会える
キーワードとは

ワクワクすることは、
あなたが生まれながらに持っている権利です。
それは、あなたそのものです。

BASHAR 2006 340p

「自分は誰か」というあなたの存在としての表現、
波動が「ワクワク」です。
それが、あなたを導いていくシグナルになります。

BASHAR③ 206p

あなたを救う最善の手段とは

みなさんの世界を救う最善の手段は、
「自分がワクワクして生きられる人生を送る」ということです。
そんな人生を生きることによって、
１００％、宇宙があなたの望む方法で
サポートしてくれると信頼することです。

それが物質的な豊かさであろうと、
あるいはワクワクした人生を続けていくことであろうと
宇宙はあなたに必要なものをすべて与えてくれます。

BASHAR① 51-52p

宇宙は「片面しかないコイン」は渡さない

ワクワクする気持ちとは、
肉体を通して翻訳されて伝わる言葉、メッセージです。
自分の選んだ道をちゃんと進んでいるかどうか、
それを教えてくれる翻訳された言葉です。

ワクワクする気持ちは、三つのことをあなたに教えてくれます。
ひとつ目は、どれが自分の道かということ。
二つ目は、あなたはそれを努力なしでできるということ。
三つ目は、それをやれば非常に豊かになれるということです。
宇宙はあなたに、片面しかないコインを渡しません。
ワクワクする気持ちを受け取ることができた時は、
もうそれができるということです。

BASHAR① 71-72p

やりたいことは、何でもできる！

「やりたいことは何でもできるんだよ」
と聞いてワクワクしませんか？
やりたいことをすれば、永遠にサポートされます。
どうでしょう、ワクワクしませんか？
私はするると思うんですが。
私はそういうふうに生きています。
あなたがそうしなければいけないわけではありませんが……。
困難なことがよりワクワクするのであれば、それもいいでしょう。
あなた次第です。

BASHAR GOLD 223p

毎瞬々々、自分にたずねてみる

今できる一番ワクワクすることは何か。
自分自身にたずねなければならないのはそれだけです。
答えなければならないこともそれだけです。

仕事やキャリア、長期のプロジェクトとして何が一番ワクワクするか、
という問いかけをする必要はありません。
もちろん、あなたにとって一番ワクワクすることが
特定の仕事やキャリア、長期のプロジェクトであれば、
それは結構です。
でも、そうである必要はありません。

「毎瞬々々、一番ワクワクすることをする」とは、
その瞬間に自分が何にワクワクするかを感じて、
その瞬間に実行可能な一番ワクワクすることを、
誠実に、完全に行う、ということです。

そうすることによって、
次に自分が一番ワクワクする選択肢が見つかります。
そしてその次に、またその次に、またその次にと、
次々と選択肢が出てきます。
それを続けていると、たとえそれが最終的に
キャリアや仕事という形をとらなかったとしても、
あなたはどの瞬間もワクワクしていることになります。

BASHAR⑦ 82-84p

ワクワクすると、平和を感じることができる

たくさんの人たちが、
自分は人生で何をすればうまくいくんだろうと、一生懸命探しています。
人生の使命は何か、その啓示が来るよう、ひたすら待っています。
ある日、何かワクワクするようなことがみなさんの肩をたたいたとします。
そういう時、みなさんはよく言いますね。
「うるさい、うるさい。今、自分の使命を探しているんだから邪魔をするな」
「楽しいことなんかで、自分の気を散らさないでくれ！」と。
みなさんは本当によく知っています。
自分の使命とは、必死で取り組まなければならない、深刻なものだということを……。

でもみなさんは、本当はエクスタシーの中からつくられたのです。
みなさんの存在の波動は、実はとても高いのです。

今の波動を上げてワクワクする波動とマッチさせた時、
あなたが創造された時と同じ波動になることができます。
そしてその時に、本来の自分とひとつになることができます。

「ワクワクする気持ちにしたがいなさい」とは、
べつに「毎瞬々々、飛び上がっていなさい」ということではないのです。
ワクワクという気持ちを認識するだけで
自分の中の平和な部分を感じることができます。

鍵となる感覚は「満足」です。
あなたが創造された時と同じ真実に、再びつながることです。
次のことを覚えておいてください。
決して、決して、決して、決して、本来の自分になることは――
決して、決して、決して、難しいことではないのです。

BASHAR④19-21p

人生の目的を花開かせるには

ワクワクする気持ち、みなさんが興奮と呼ぶバイブレーションは、
みなさんの祈りに対する答えです。
ほかの何よりも、みなさんを本当にワクワクさせるものが
「自分はここに何をするために来ているか」を知らせる道しるべです。
これが、失敗のない道。
いつでも、簡単に見つけることのできる道です。

その道を歩んでいくと決める時、
絶対的な信頼を持って行動していく時、
みなさんが選択して生まれてきた、
この人生の目的を花開かせることができるでしょう。

BASHAR⑥ 214p

あなたは「不自由」になれるほど、自由である

あなたは、常に自由です。
自由だからこそ、「自分は自由ではない」と
自由に感じることができるのです。
「自由に感じられない経験がある」のは、あなたには
「自由に感じない経験をも選択する自由がある」
ということ。そこまで、あなたは自由なのです。

BASHAR 2006 218p

あなたの夢をさまたげるものは、あなただけ

あなたが一番強く望むものは、この現実の中で実現可能です。
そうでなければ、あなたは何か別のものを望んでいるでしょう。
「望むこと」と「現実」は、手と手を取り合って歩いています。
ですからあなたが抱く夢は、実現可能だということを知っていてください。
あなたさえ可能だと言えば、それは可能になります。
夢の実現をはばむものがひとつだけあるとすれば、それは「あなた」です。

BASHAR⑥109p

宇宙は、望むことすべてをサポートする

あなたは自由意思を与えられています。
だから自分で自由に選んでください。
宇宙はどれでもサポートします。

あなたが宇宙に向かって、「私はお前の言うことは信じない、努力をして幸せを手に入れたいんだ」と言ったとします。
すると、宇宙は「そうか、それでもいいよ、やってごらん」と言います。
あるいは、あなたが「もうくたびれたよ、努力しないで、楽に幸せになりたいんだ」と言えば、
宇宙は「そうか、そうか、じゃあ今度はそれを助けてあげるよ」と言います。

BASHAR① 73-74p

本当に決断すれば、それは実現する

すべての決心は、本当の、真実の決定です。
そこは誤解しないようにしてください。
ポジティブであろうがネガティブであろうが、
ある人がある決断を本当にすれば、それが実現してしまうのです。

本当の決断、決心が、必ずポジティブというわけではありません。
あなたが「本当に信じていること」が、実現するのです。
それがポジティブであろうと、ネガティブであろうと。
みなさんは常に常に、本物の、真実の決断をしています。
本物のマニフェスト（実現化）をしています。

未来は、えらべる！ 83p

「愛されていない」という経験も、自由にできる

自分の持つ観念通り、「愛されていない」という経験ができるほどに、
あなたは無条件に愛されています。

けわしい山など実際には存在していなくても、
「自分はこのけわしい山を登らなければいけないんだ」と
想像することも許されています。
岩のようにとげとげしく、手が切れるように痛い観念であったとしても、
そうした観念を持つことも許されています。

BASHAR2006 33p

過去から自由になるのは、簡単

覚えておいてほしいのは
「すべての瞬間は、新しい瞬間だ」ということです。
今あなたが「今は、今だ」と思えば、
過去のことを「今」に結びつける必要はなくなります。
みなさんはそのぐらい自由なんです。
そして、今言ったぐらい簡単なことです。

あなたが信じれば、自分自身でそれを証明することができます。
私がかかわりに証明することはできません。
証明は、みなさんの中にあります。

BASHAR①202-203P

「与えるもの」を、あなたは受け取る

自分の中の一番強い観念が、
意識的であろうが無意識的であろうが、
その観念と同じ内容の現実を引きつけます。
なぜならば、一番強い観念が一番強い振動だからです。
ですから、その観念を変えることを
自分に許してあげてください。

BASHAR③ 133P

シンプルで深遠な「最大の秘密」

これが、最大の秘密です。
すべてのもの、すべての時、そしてすべての場所を支配する
たったひとつの法則が、これです。
「自分の与えるものが、自分に返ってくる」

「エッ！　それだけなの。そんなに簡単なの？」と、
あなたは言うかもしれません。
そうです。そんなに簡単なものなのです。
自分の与えるものが、自分に戻ってきます。
これ以上にシンプルなものはありません。
そして、これ以上に深遠なものもありません。

BASHAR⑥ 15-16P

本当に望む現実を100%信じる

宇宙は、あなたが外に出している波動と同じ波動のものしか、
提供することはできません。
ですから、もしあなたが「自分の望んでいない部分も少しあるけど、
まあ、これくらいいなら……」という波動を出していると、
その通り、「少し望んでいない現実」があなたに引きつけられてきます。

それは、あなたの一部分が望んでいないということではなく、
100%のあなたが「少し望んでいない現実」なのです。
自分が本当に望む現実を100%信じてみてください。

BASHAR GOLD 289-290p

豊かな人は、割引券を切り取らない

豊かな人は、5円、10円を節約しようと、
広告からスーパーの割引券を、一生懸命切り取ったりしません。
そうやっている時、あなたの意識はこう言っているのです。
「そうだそうだ。私はとても豊かな人間だ……。
でも、明日はどうなるかわからない。すべてを失ってしまうかもしれない、
だから……。あっ、いけない。私は豊かな人間だったんだ！」
そういう時、あなたは豊かな人には見えません。
ですから、豊かな現実もやってきません。

自分は豊かだという信号を発していなければ、
宇宙は、あなたが豊かな状態であることをサポートできないのです。

BASHAR⑥ 249p

人生をシンクロニシティで満たしたいなら

まずは情熱の波動、状態になることです。それが鍵になります。
鍵ができて初めて、ドアが姿を現します。
鍵を持っていなければ、ドアに気づくことはできないのです。
あなたは、何であれ自分の波動を「現実」として経験します。
逆に言えば、あなたの波動がその状態になっていなければ、
現実でそのような経験をすることはないのです。
自分の人生がシンクロニシティに次ぐシンクロニシティで、
エクスタシーに満ちた状態になっていてほしいと思うなら、
まずはあなたの波動が、
エクスタシーに満ちた状態になっている必要があります。
そうなって初めて、喜びに満ちたシンクロニシティが現実となるのです。

BASHAR2006 280-281P

感情が「火」となり、願望が「炉《ろ》」となる

あなたにとって必要な、
そして大切な二つの言葉は「願望」と「行動」です。
「望んで行動に移す」ということです。

感情が、すべての現実を打ち破る「火」となります。
そして願望が、「炉」となります。
その中で、すべてのものが溶けていきます。
そのようにして溶けた液体の中から、
自分の欲しいもの、望むもの、それが結晶化して出てきます。

BASHAR④ 15p

現実という「氷」を、別の形にするには

たとえば、蒸気や水、氷――これらの本質は同じ物質です。
周波数が違うのです。
エネルギーは、蒸気のようなもの。現実は、氷のようなもの。
でも、すべて水によってできています。

「現実の定義を変える」ということは、
ちょうど氷を溶かすと水になり、それが蒸発して蒸気になり、
そこで何かを変えることによって、
また凍らせた時に、元とは違う形の氷になる。そんな感じです。
「定義を変えること」が、実際の現実を変えるためのメカニズムなのです。

バシャール スドウゲンキ 153-154p

あなた自身が「道」だと知る

「こうありたい」という状態をさまたげているものがあれば、
それを再定義してください。
あなたの人生を邪魔するものは何もないのです。
新しいやり方をなかなか使おうとしないのは、
あなたが今の状況を「自分を邪魔するもの」と定義していて、
それがポジティブに働くのだということを知らないからです。

あなたは「自分の進むべき道」の上に乗って歩くのではありません。
あなた自身が、その道なのです。
あなたがそこから外れる、ということはできないのです。
なぜなら、あなた自身が「道」だからです。

BASHAR④ 108-109p

人生は、あなたを通して起こるもの

すべての出来事は、ほかのすべての出来事につながっています。
ですから、あなたに起き得る出来事は無限大にあります。
あなたの波動、バイブレーションが、
そのうちの、どの出来事を実際に起こすかを決めます。
人生は、「あなたに降りかかって来るもの」ではないのです。
あなたを通して起こるのです。

BASHAR①106-107P

本田健
メッセージ
1

現実を変えるには、まず動き出すこと

自分が望む現実をつくるには、最初にそれを意図することです。

けれども、私たちの多くは、「変わりたいけど、変われない！」という考え方に制限されています。

それは、私たちが「具体的に何をすればいいかイメージが湧かないと変われない」と信じているからでしょう。

私は、どんなことでも「どうやって？」ということは、最初に知る必要はないと思っています。具体的な方法については、後からじっくり考えれば思いつくものだし、やりながら方法を探ればいいからです。

私たちは、未来に対して、細かいことをあらかじめ知りたがります。

自分がやることがうまくいくかどうか、具体的な方法やステップをすべて前もって誰かに教えてもらいたいのです。「うまくいくことを保証してほしい」と思っていると言ってもいいでしょう。

そのプランが納得のいくものでないと、安心して進めないと思っているのです。しかし、「安全と成功を保証してくれなければ、前に進まない」という態度でいたら、何も起きません。そんな保証をしてくれる人はいないからです。かくして、独立しよう、交際を申し込もう、海外に行こうという夢を持ちながらも、何もしないという人が誕生するわけです。

あなたは、自動車のカーナビの案内を聞いたことがありますか？知らない場所に行く時、カーナビはとても便利です。けれど、最初に目的地を設定する時、これから通る道のすべての交差点で右に行くか、左に行くか、あなたは事前に知りたいですか？

そんなことを確認する人はまずいないでしょう。最初は右、その次に左、次を大きく右なんて、いちいち出発前に聞いていたら、わけがわからなくなります。曲がる少し手前で教えてもらえば充分です。

しかし、これが人生の道になると、「これから、絶対に大丈夫かどうか、行き方を全部あらかじめ教えて。納得したら出発するから」となるのです。いかにこのことがバカバカしいか、冷静に考えてみましょう。

「ワクワクしたら、とにかく発進する」と決めることです。そして、「どうやって?」は、そのあとで、ワクワクしながら一番おもしろい経路を選べばいいのです。

自分の内面を変えると、世界が変わる?

このコンセプトを最初に知ったのは、もう20年近く前です。最初に聞いた時、「そんなに簡単なわけないでしょ!」と少しバカにしてしまいました。でも、私は根がわりと素直で、好奇心を抑えられないタイプです。

「ちょっと内面を変えてみたら、どうなるんだろう?」と気になりだして、実験してみることにしました。

最初の実験は、「世界は怖い場所だから、引きこもっていよう」と考えて、友達からの誘いをすべて断って、できるだけ家にいるというものでした。

すると、だんだん性格も暗くなり、世の中の人がずるくて、意地悪に見えてきました。どうしても出かけなければいけない用事があって、外に出ると、「事故に遭わないかな」「悪い人にからまれたらどうしよう」など不安が出てきました。

そして、実際に財布を落としたり、さんざんな目に遭いました。

もうたくさんだと思って、「世界にはいい人ばかりいて、すばらしい出会いが次々起きる」とイメージするように切り替えました。

最初、うまくいかなかったのが、数日もすると、だんだん気分が変わってきました。友人からも誘いの電話がどんどん入るようになり、出かけていくと、私がずっと会いたかった人に会えたりして、毎日感動的なことがありました。しばらくすると、実験をしていたことも忘れ、「人生って、おもしろいなぁ」とワクワクするようになりました。

しかし、ある時、実験で積極的にやっていただけだったことを思い出すと、ぱたりといいことが起きなくなりました。

2種類の人生をたったひと月の間に体験して、つくづく「自分の考えることが、自分の体験をつくっているのだ」と納得しました。

それ以来、自分の中にどういう観念や価値観があるのかを定期的に書き出すようにしました。そして、その観念が自分にはもう必要ないと感じたら、手放すようにしました。

すると、本当に人生が劇的に変わり始め、自分のセルフイメージも大きく変わっていきました。

最初は、自分は平凡な人間だと思っていた私ですが、「自分は経済的に自由になって、たくさんの人の人生に影響を与えるリーダーになる」というビジョンを持つようになったのです。しばらくは、妄想にとりつかれたかと自分でも心配しましたが、深いところで、そうではないことに気づきました。

その後、実際に人生はそちらの方向に変わっていきました。

失敗してもニコニコできるか?

電車に遅れたら、ワクワクしよう。

この言葉を見て、「バシャールはなんていい加減なヤツなんだ!」と思った人も多いでしょう。何を隠そう、私もそう思った一人です。

「待たせている相手のことも考えてよ」という気持ちになったのです。

バシャールのメッセージは、いつも変化球のように、思わぬ角度からやってきます。自分が思っていることがうまくいかなければ、イライラするか、落ち込むのが普通でしょう。

でも、うまくいかなったらワクワクしろって、どういうこと??

「それって、おかしいんじゃない?」

「でも、ちょっと待てよ。ひょっとしたら、それもありかも?」

という感じで、ひとつの考え方が、じんわり効いてくるのです。

バシャールのメッセージには、その人の奥深くにある観念をガバッとつかんでかき回すような作用があります。

「これが絶対に正しい」と思っていることに対して、横っ面《つら》をはたかれるような感じです。そして、ひょっとすると、自分が間違っているのかも!? と、観念が揺らいでいくのです。

「考えてみれば、たしかに今までうまくいかなかったことが、別のいいことにつながっているなぁ。やっぱり、自分の浅知恵で判断しないことも大事なのかな」

と、これまでの考え方が変わっていくのです。

人生で楽しいのは、番狂わせと、不思議な偶然です。

思い通りにならないほうが、あとで振り返ると、おもしろい体験になったりするものです。その時は苦しくても、年月を経てみると、結果的によかったかもしれないということはたくさんあります。

だとしたら、自分の期待に反したことが起きた時、最初からワクワクするのもありかもしれません。

「毎瞬々々、ワクワクすることをやる」意味とは

バシャールのこのメッセージを最初に聞いた時、今とはちょっと違ったとらえ方をしていました。今考えたら、なぜそのような勘違いをしたのかわかりませんが、「ワクワクすることを仕事にすれば、いい人生になる」と解釈していたのです。だから、自分の才能が何かを知り、ライフワークをやらないと、人生がスタートしないと思い込みました。

そして、そもそも大好きなことが見つからないから、何も始まらないのだと勝手に思い込んで、「自分はダメなんだ」と落ち込んでいました。今考えると、な

んともったいない思い込みだったのかと思います。それで、確実に数年は損した気がします。これを読まれているあなたも、ひょっとしたら、私と同じように感じて足踏みしているかもしれません。

バシャールは、「毎瞬々々、ワクワクすることをやる」と言っています。

いきなり理想の仕事を見つけて、そこからがスタートだと言っているのではありません。「一見小さく見えるようなことでも、とにかく目の前の一番ワクワクすることをやりなさい！」と言っているのです。

これから、あなたの一生を通じて、「目の前の選択肢の中から、常にワクワクするものを選び取れ」という意味なのです。

これなら、誰にでもできるのではないでしょうか？

怖くなって、２番目にワクワクするものを選んでもいいのです。２番目を選んだら人生が最悪になるわけではありません。ただ、本当にワクワクすることを選んだほうが、よりおもしろくなるというだけです。

もしあなたが、「おもしろそうだ！」と思ったら、これからの３週間、ワクワクに関して実験をしてみてください。

最初の週は、一番ワクワクすることをやってみる週。2週目は、ワクワクすること、そうでないことを交互に選ぶ週。そして、3週目は、一番ワクワクしないことだけを選ぶ週。この実験をすることで、自分の生活と、感覚がどう変化するのか、実際に体験してみてください。

信じられないぐらいおもしろい差が実感できると思います。

ワクワクすることとは、「ちょっとうれしいこと」や「ちょっと楽しいこと」と翻訳してもいいでしょう。普段の駅までの道をスキップしていく、まわり道する、それだけでも、気分が変わってきます。

ワクワクを選ぶこと、それは、あなたのエネルギーレベルをアップさせる魔法です。

ぜひお試しを！

第2章

ワクワクを生きる「鍵」を手にする

現実を変える三つのポイント

自分の感情、観念、そして
思考パターン(行動)を変えた時、
その瞬間から自分自身が体験する
「現実」も変わります。
哲学の話ではありません。現実の、物理の原理です。

BASHAR④ 9p

あなたの人格が持つ三つの側面

三角形のプリズムと同じように、
みなさんの人格も三つの側面を持っています。
「観念」「感情」そして「思考パターン（行動）」。
この三つです。

「観念」は、ちょうど現実の青写真のようなものです。
「感情」が青写真を活性化し、
「思考パターン（行動）」がその青写真にしたがって、観念を実現化します。

BASHAR④ 7-8p

家を建てるように、現実をつくる

観念は、あなたが造りたい家の設計図にあたります。
ここで言う「家」とは、あなたのまわりの現実のことです。
あなたがどんな観念を持っているかによって、
家の形、スタイルが決まります。

感情は、その家を造る大工さんです。
家が実際に建つよう、観念の設計図にエネルギーを与える
エンジンのような役割を果たします。
ポジティブな感情を持つか、ネガティブな感情を持つかによって、
楽しく働く大工さんを連れてくるか、
あるいは、怖れを抱えて働く大工さんを連れてくるのかが決まります。

感情がクリアであればあるほど、
細かいところまで心の行き届いた、きれいな家ができます。

思考パターン（行動）は、その家の材料そのものです。
クリアな思考パターン（行動）は、質のよい材料と同じです。
混乱している思考パターン（行動）は、重いものを支えられない弱い材料です。

すべては、観念から始まります。
強く、クリアでポジティブな観念であればあるほど、
感情と思考パターン（行動）も強く、クリアでポジティブになり、
現実もそのようになります。

BASHAR⑥ 102-104p

現実は、あなたの気づいていない観念を変えるための「贈り物」

観念は非常に強い力を持っていますが、時に潜在意識の中にあるので、
みなさんは自分がそんな観念を持っているということさえ
気づかないことがあります。
では、そんな時、どうすればその観念を変えることができるでしょうか。

現実は、まさにこのための贈り物として存在しています。
現実は、意識や潜在意識の中にある観念を映し出している鏡なのです。
ですから、あなたの中に真実ではない観念や思考、感情がある時には、
あなたにとって好ましくない現実として
それらを人生の中に映し出して見せてくれるのです。

BASHAR⑦ 23-24p

ネガティブな感情に対処する方法

疑いや不安は、真実の自分とつながっている時には持ち得ない感情です。
ですから、そのようなネガティブな感情を持つこと自体が、
あなたが真実の自分からずれた観念を持っていることを端的に表しています。

ネガティブな感情に対処するためには、自分で自分に聞けばいいのです。
「こんなふうに感じるということは、
いったい自分は、どんな観念を持っているんだろう?」と。
そうやって問いかけ、ひとつひとつ自分の持つ観念を
特定していけばいいのです。

未来は、えらべる! 57-58p

情熱にしたがうことは、意識の万能クリーナーである

私たちがなぜ「ワクワクすることをしてください」と言っているのか。
それは、ワクワクにしたがって行動することで
自分の持つ古い観念システムが表面意識に出てくるからです。
表面意識にのぼってきた観念システムは、
自らすすんで問題に取り組めば、解消し、変えることができます。

あなたが情熱を持てることに
早く取り組めば取り組むほど、
自分がどんな観念を持っているかが早くわかります。
すると、その分だけ早く対処して、
観念を変えることができるのです。

多くの人は、「情熱を傾けられることさえやっていれば、
もう古い観念を見る必要はなくなる、
だから無視してもいいんだ」と考えています。
でも、真実は、まったく正反対です。

情熱にしたがって行動することは、
自分がどんな観念を持っているかを、
表面意識に浮かび上がらせてくれるだけではありません。
その観念を統合し、変容する能力を与えてくれます。

ワクワクすること、情熱にしたがうことは、
意識をきれいにする万能クリーナーと言っていいでしょう。

未来は、えらべる！ 21-23p

感情は、あなたが何を信じているかを知らせる「警報システム」

自分の中にある感情や観念や思考パターン（行動）、
そういったものを変えるだけで、
あなたはもちろん、宇宙全体が変わっていきます。
ほんの小さな変化が、宇宙全体を完全に変えます。

BASHAR④ 148p

感情を癒し、変化させるには

感情は、観念が生み出す「副作用」です。
また感情は、あなたが「どんな観念を本当だと信じているか」ということを知らせる《警報システム》なのです。

ある感情を癒し変化させるためには、
その感情が自分の中にあると認めること、
そして、その感情が存在するのには、
ちゃんと理由があると受け入れることです。
そのうえで、その感情の裏にはどのような観念があるのかを見ていきます。

未来は、えらべる！153P

怒りも悲しみも嫉妬心もひとつのステップにすぎない

あなたの中にあるものすべてが、別の場所に到達するために欠くことのできないステップです。それらがあることを受け入れないと、そこを通って別の場所に行くことはできません。

時にあなたは、「自分の中には怒りがある。悲しみも嫉妬心もある」と気づきます。そして、そんな感情を抱くのはイヤだと思います。そのような感情を喜びに変えるたったひとつの方法は、それらが自分の人生にあることを否定しようとするかわりに、自分は今それを経験していると認め、その状態を受け入れることです。

BASHAR2006 113-114p

否定的なエネルギーを自分に向けない

罪悪感や後悔は、あなたを非常に否定的な
バイブレーションの中に追いやることになります。
ほかの人に向けていた否定的なエネルギーを、
今度は自分自身に向けることになるのです。

自分自身に否定的なエネルギーを向けたところで、
人を責めている時より、あなたが成長するわけではありません。
ですから、否定的なエネルギーを自分に向けるのをやめてください。
そして、あなたは自分が想像できるかぎりの幸せに値《あたい》する人間である、
ということを認めてください。

BASHAR② 22p

シンプルに望めばいい

「今の私は、本来の自分らしくない自分だ」と感じる時、
自分を責めないでください。
「なりたい自分」になるのを遅らせるだけです。

そんな時には、こう言います。
「ああ、今まで、私は本来の自分らしく
行動していなかったな。じゃ、これからはそうしよう」
それだけですみます。
心配する必要もありません。
自分自身にそんなに厳しくする必要は全然ありません。

あなたは、もうすでに自分の欲しいエクスタシーを得るだけの価値を持っています。
それをイメージするだけでいいのです。
ほかのものは何も必要ありません。
ただ望めばいいだけです。

人生や生活をできるだけシンプルにしてください。
努力して何かをやる必要もありません。
ただそれがあなたを通して起こるようにさせてあげればいいのです。
どうやってそれを起こせばいいかというと、
自分がワクワクできるようなことを
統一性を持って、ただやればいいだけです。

BASHAR②193-194p

本当にスピリチュアルな人とは

この地球上には、ネガティブな感情は否定しなければいけないと思っている人がたくさんいます。

「スピリチュアルな人間になりたい」と願い、

「スピリチュアルな人生にはそんな感情が存在してはいけないんだ」と考えているからです。

しかし、スピリチュアルな意味でどれだけ成熟しているかは、ネガティブな感情を持っているかどうかでは、はかれません。

ネガティブな感情をいかにポジティブな形で使っていくことができるか。

それが、その人のスピリチュアリティの成熟度を表します。

BASHAR2006 114p

観念のワナから抜け出すには

観念に気づいたら、それは中立になり、
あなたの中には、もうその観念はなくなります。
ちょうど電気のコンセントを
抜いてしまったようなものです。

BASHAR⑧
134p

あなたの持つ観念は、必ずしも真実ではない

みなさんが人生で学んでいるのは、次のことです。

「観念とは、単にひとつの選択にすぎない」

「ある観念が必ずなければいけないという必然性はない」

「どの観念を選ぼうが選ぶまいが、それは自分の選択の問題。つまり、まったく自由に観念を選ぶことができる」


しかし、まず初めに「その観念がどんなにもっともらしく見えたとしても、それは必ずしも真実ではなくて、ひとつの仮定にすぎない」ということをわかっていてください。

BASHAR2006 186-187p

「これが現実だ」と信じさせるトリックがある

あなたの現実をつくっている観念には、
ポジティブなものとネガティブなものがあります。
二つの観念の、もっとも大きな違いをお教えしましょう。
ポジティブな観念は、「現実は幻想かもしれない。それなら、もしかしたら
変えられるかもしれない」という可能性に気づかせてくれます。
一方、ネガティブな観念は、「私が体験していることは確固とした
現実なので変えることはできない。もし変えるとしても、とても難しい」
と信じ込ませます。
そう信じ込ませるために、ネガティブな観念の構造は
ポジティブな観念よりも非常に複雑で多面的です。
「これが現実だ」と信じ込ませるには、いろいろなトリックが必要だからです。

未来は、えらべる！ 16-17p

たとえ悲惨な世界でも、すべては完璧

あなたの現実は、「あなたが持っている観念を
完璧に表している」という意味で完全です。
もしかしたら、それは完璧に悲惨な世界かもしれませんが。

つくり出した世界が望んでいるものでないとしても、
「私の責任だ」と言って、自分を批判したり、
後悔や罪悪感を感じたりする必要はないことを知っていてください。
もし、あなたのつくった世界が望んでいるものでないとしたら、
それはあなたが無意識のうちに「その選択をしていた」ということ。
実現化したい観念を実現するかわりに、
実現化したくない観念を無意識のうちに実現していたということです。

BASHAR⑥
111p

「成功したい」と言う人にありがちなこと

たとえば、私は成功したいと言う人がいたとします。
この惑星でありがちなのが、その人が成功したいと思っていても、
自分はそれに値しないと深いところで思っていることです。

あなたの中で一番強い観念に、「自分は成功に値しない」とか、
「成功なんかできるはずがない」というものがあれば、
いくら成功したいと思っていても、それはできません。
しかし、根本のところで一番強く「成功したい」と感じられれば、
その観念を再定義することができます。

BASHAR② 229-230p

「レンガの壁」は、ただの厚紙

私たちは、みなさんを批判しているのではありません。
私たちから見れば単なる幻想とわかることで
みなさんが葛藤しているのを見ると、
ちょっとおかしいんです。

これは、たとえばお芝居を観ているようなものです。
観客は役者たちが偽《にせ》の小道具を使っているとわかっているのに、
役者たちはそれが本物だと信じて演技をしている。
それを観ているようなものです。

たとえば、役者は、「ほら、レンガの壁だ！」と
言っているかもしれません。
でも、観ている人には、それはただの厚紙だとわかっています。
ただの厚紙だと知っていて、
そんな台詞《せりふ》を聞くとちょっとおかしいですね。

あなたも、自分の「レンガの壁」が
ただの厚紙だとわかった時、
それをレンガの壁だと思って奮闘してきた
自分自身を笑うことができます。

バシャール×坂本政道 250p

観念に気づいた時に現れるパワーと魔法

観念は、方程式のようなものです。
こんな観念を持っていると気づくたびに、
パワーと魔法が現れます。
気づいた時点で、それは無力化され、中立の状態になるのです。

そこで次に、新しい観念をつくります。
古い観念を取り除いて、新しい観念を入れてください。
「新しい観念ができたんだ」というワクワクする気持ちで、
その新しい観念にエネルギーを注いでください。
そのあと、自分の人生を見まわして、
一番ワクワクすることをやり始めてください。

BASHAR⑧ 143-144P

エアコンを調節するような気軽さで！

たとえば、あなたが自宅にいて「寒い」と感じたとします。

その時、あなたはただエアコンの温度を調節するだけですね。

それくらいシンプルなことなのです。


「ああ、寒い！　絶対に、絶対に、絶対に、何かひどいことが起きつつあるんだ！　温度を変えなければ！」というのではなく、

「わ、寒っ。変えよっと」と、ごく気軽に変えますね。

そんな感じです。

このように、人生のありとあらゆる状況に対して、
エアコンを調節するのと同じ程度の確信を持って
アプローチすることが大事なのです。

バシャール×坂本政道 223p

怖れを未来のために使う

怖れとは、あなたが見たくないものを、
いつまでも見ようとしない時にやってくるメッセージです。
ですから、あなたが聞かないと、より声をはりあげて、
より卑劣なやり方で、あなたが聞くまでやってきます。

BASHAR②
219P

怖れは、ポジティブなメッセンジャー

怖れは、目覚まし時計のようなもの。
「起きる時間だよ」「それを見る時、その行動をとる時だよ」と
知らせてくれているだけなのです。
怖れを体験した時には、「怖れがあるんだなあ」とただ認めてください。
少なくとも、その怖れを「よくないものだ」と決めつけたりしないでください。

あなたを邪魔しているのは怖れそのものではなく、
怖れに対する怖れ、怖れへの不安です。
それがあなたの足を引っぱっているだけです。
ですから、怖れはポジティブなメッセージを届けているのです。
もしあなたがそのように見るなら、
あなたを邪魔するものは何もなくなります。

BASHAR2006
199-200P

対処できないものはやってこない

どんなエネルギーを感じた時も、思い出してください。
自分には、それに対処するだけの力があるのだ、ということを。
ぜひ覚えておいてほしいのは、
宇宙は、あなたが対処できないものを与えることはないということです。
決して、ないのです。
決して、決して、です。
自分には強すぎるエネルギーが来ている、と感じた時は、
自分でそう定義してしまっているだけなのです。
宇宙が特定の定義づけを、あなたに押しつけてきているのではありません。

BASHAR④ 168-169p

宝物に触れられるのは、準備ができた人だけ

「未知なものは怖い」と、誰が決めたのでしょう？
それはネガティブな定義づけです。定義づけを変えれば、
自分がやるべきことを、やりたい時に、自分で知ることができます。
そのことについて教えてくれる人、助けになってくれる人を
引きつけることができます。

でも、あなたがその方向に動くのが怖い時、助けになる人を引きつけることは
できません。なぜならば、宇宙は、自分はもうそれを学ぶ準備ができている、
という人にしか豊かさを与えることはできないからです。
「こちらの方向に行ったら、ダメになるのではないか」と一歩が踏み出せないでいると、
宇宙がたくさんの宝物を持って、待っていてくれるのに、
あなたはその宝物に触れることができないのです。

BASHAR③ 242-243P

この世で一番大きな怖れは、自分には価値がないという怖れ

この世界で一番大きな怖れは
「自分という存在は、本当は無価値なのでは」という怖れです。
自己否定が、この文明が持つ一番の特色です。
あなたたちは「何かをしなければ、自分が生き残るだけの価値などない」と考えています。

存在する価値がなければ、みなさんは最初から存在していません。
今存在しているということは、
「無限の創造者」の目から見れば、みなさんには何か価値があるのです。
あなたも、自分自身に同じような尊敬の目を持って生きてください。

BASHAR④ 13p

努力して喜びを勝ち取らなくてもいい

みなさんは、怖れを感じるほうが喜ぶよりも簡単だと信じています。
この社会においては、
自分が喜びを感じるに値すると思っている人は少ないのです。
また、まず努力をしてがんばってからでないと
そういう成果は得られないと信じています。

みなさんの社会では、喜びは勝ち取らなければならないものだと
思われていますが、本当は生まれながらの権利として、
ずっと喜び、楽しんで過ごすことができるのです。

BASHAR①48p

ふるえながら進まなくてもいい

努力をしなくても自然に変われると信じることができれば、
変化するために、破壊という形は必ずしも必要ではありません。

ひとつの見方から別の見方へ移る時、
ふるえながら行くのは非常に楽しい体験です。
でも、自分自身の心を開いてそこに行くという意志を持っている時には、
ふるえながら行かなくても、ネガティブなものの見方をしなくても、行けるのです。
人生の中で、本当にワクワクすることをやっている時、
今のように、怖がりながら先に行く必要はなくなります。

BASHAR⑤ 257-258p

怖れを好奇心に変える

怖いのは結構です。
でも、ずっと怖いままでいる必要はありません。
怖い気持ちを、好奇心に変えてみることもできます。

体験している現実を、自分がつくり出しているということを知っていますか？
あなたが引きつけるものは、本当は自分でそれを知りたいから
引きつけているということを知っていますか？
それは、あなたが自ら創造したものです。

まず好奇心を持って、自分自身に驚いてみてください。
「わぁー、すごい、自分でこんなものをつくったんだ！」と。

BASHAR⑤ 41-42P

怖れるのは「ネガティブな現実を選んでいる」ということ

「こんなことが起きるのではないか」と怖れている時は、ポジティブなことよりも怖れていることのほうが起きると信じていることになります。

怖れるとは、ネガティブな現実を選択しているということです。


好奇心と驚きを持って選ぶ時、ポジティブな結果が出てきます。

怖れから何かをしりぞけようとする時には、ネガティブな解釈を選択し、その結果、ネガティブなものを引き寄せます。

これが私の言った「選択」という意味なのです。

わかりますか？

BASHAR⑤ 121-122p

何を選ぶかを決めるのは、あなた

みなさんは、物事を怖れから選択することもできます。
そして、喜びから選択することもできます。
人生とは、選択です。
みなさんは永遠なる魂です。
形は変わっても永遠に存在し続けます。
ですから、自分にとって楽しい選択をしてください。
自分の望む選択をしていいのです。
もちろん、それを決めるのはあなた自身です。

BASHAR GOLD 291-292P

どんな状況でも、光とつながる命綱がある

たとえ、どんなに暗く見える状況であったとしても、
みなさんには、光とつながる命綱が必ずあります。

光は闇がなければ存在できないのと同じように、
闇も光がなければ存在できないからです。

光があり、闇がある。
光の中にもちょっとした暗闇があり、
また暗闇の中にもちょっとした光がある。

この光の中に見える闇の一点、
また闇の中に見える光の一点、
これは、「選択の自由」を表しています。

みなさんが選択しさえすれば、光の中にいる時でも、
いつでも闇とつながることができ、
闇の中にいる時でも、いつでも光とつながることができます。

光と闇は永遠にお互いに絡まりあっています。
分かちがたい存在です。
ですから、どれだけ暗い状況に見えたとしても、
常に光とつながることができるのです。
これが、存在そのものの特質です。

BASHAR2006 39-40P

猫は猫である時が、一番リスクが少ない

高い塀の上を歩いている猫が、
突然、別の動物になろうとしたら、
塀から落ちてしまうリスクが高まります。
猫が猫であることによって、つまり、
あるがままの自分でいることによって、
塀から落ちるリスクが低くなるのです。

BASHAR 2006 47p

人生の目的は、自分自身を充分に生きること

みなさんは、今まで何回か生まれ変わっているかもしれません。
でも今回の人生は、今回だけです。
今回の人生の目的とは「自分自身を、充分に生きる」ということです。

100%自分になるということは、次のようなことです。
統一性を持って、自分が一番ワクワクすることをやること。
よく何らかの合図が来るのではないかと待っている人がいますが、
常に答は来ています。
ただそれを聞いてはいけないと考え、聞かない人はいるようですが。

その答というのは、いつも「ワクワクする気持ち」です。

BASHAR① 70-71p

ワクワクして生き始めた時に、起きる二つのこと

ワクワクした気持ちを感じる時には、
自分が非常にパワフルになっていることがわかると思います。
また、ワクワクしている時、自分がほかの人を輝き照らしていることがわかるはずです。あなたが「生きている光」だということを、ほかの人に示すことができるのです。

ワクワクすることを始める時、二つのことが起こります。

第一に、非常にすばらしい偶然が次々と起こります。常に魔法のように、あるべきところに、あるべき時に、あるべきことが起こります。

そして第二に、自分のやることが、努力なしに進むようになります。

「あなたが何者か」を示すことを自然にやっているからです。

BASHAR③ 207-208P

衝突や葛藤が起こるのは、「本当の自分」に抵抗しているから

「ワクワクする気持ちにしたがってください」と話すと、
みなさんは、よくこの質問をします。
「バシャール、でも、みんながそれぞれ自分のワクワクすることをしていたら、
ほかの人のワクワクすることと衝突してしまうのではありませんか？」と。
答えはシンプルです。「ノー」です。

もし、衝突や葛藤が起こるとしたら、
それは、本当の自分に抵抗している時だけです。
本当の自分になっていない時、
本来の自分らしい姿になっていない時、衝突や葛藤が起こります。

BASHAR⑧ 203-204P

自分自身になればなるほど、人と上手に踊れる

ワクワクすることをして、本来の自分自身でいたら、
計画することなしに、必要な時に必要な場所にいられます。
無理に何かを起こそうと考えなくても、会うべき人には必ず会います。
なぜなら、本来のあなたの波動は、自動的にほかの人の本来の波動と共鳴し、
スムーズにダンスを踊ることができるからです。

一人ひとりが、本来のユニークな姿になればなるほど
周囲とぶつかってしまうと思われがちですが、実はその逆なのです。
あなたが本当の自分自身になればなるほど、
ほかの人たちの本来のあり方と調和がとれるのです。

BASHAR⑧ 204-205p

宇宙に自分を見つけてもらうには

自分の欲しいもの、必要なものが入ってこない時は、
本来のあなたを出していない時です。
宇宙のほうでは、どれを誰にあげたらいいのかまったくわからなくて、
ウロウロしてしまいます。
あなたが本来の自分自身でない時、
宇宙はあなたを見つけることができないのです。

BASHAR③ 208P

望むことは、すでに手の中にある

種から花が飛び出してくるように、
あなたの種の中から、いろいろなものを飛び出させてあげてください。
すると、あなたに必要なものはすべて
あなたの中にすでにあると、わかってもらえると思います。

自分を超えたところまで手を伸ばす必要はないのです。
あなたが一番強く望むことを可能にするものは、
すでにあなたの手の中にあります。

必要なのは、ただ信頼し、行動し、遊ぶことです。

多くの人は、そうすることによって、
自分をコントロールできなくなると感じますが、そうではありません。

私たちが「執着を捨てて流れに任《まか》せなさい」と言う時、
別に、あなたの力をすべて宇宙に放棄してしまいなさいと
言っているのではないのです。

抵抗がまったくなく、努力しなくても流れに乗っている時、
それこそが、本当にすべてを
自分のコントロール下に置いている時なのです。

BASHAR⑥ 34-35p

あなたのやり方で、あなたのやりたい方法で

誰もあなたになることなんてできません。
あなたはあなたのやり方で、
ほかの人がやったことのない方法でやればいいのです。
前に、ほかの人が同じことをして不幸になったからといって、
それで、あなたが不幸にならなければいけない理屈なんて、ありません。
基本型など存在しません。落とし穴もありません。

BASHAR① 255-256P

変化に逆らわないと、本当の道へつながっていく

あなたの外で起きている変化は、
本当は「あなたの意識の中」で起きている変化です。
なぜならば、あなた自身があなたの現実をつくっているからです。
自分自身の変化を信じて、逆らわず、その変化の流れに乗って自分の今一番
やりたいことをすることが、あなたの本当の道を歩くことにつながっていきます。
それが、あなた自身のポジティブな成長につながってくるのです。
その時その時の「本当のあなた」にフォーカスする。これが一番大切なことです。
ひとつの道だけに決めなければならないわけではありません。
もし道がひとつなら、この世には一人の人間しかいないことになります。
あなたのまわりを見てください。人がたくさんいますね。
みなさん一人ひとりが、真実の道なのです。

BASHAR① 220-221p

本田健
メッセージ
2

ワクワクすることが見つからないという人へ

今年、私は作家になって10年になりますが、これまでにたくさんの方から質問を受けてきました。中でも一番多い質問が、「大好きなことが見つかりません。どうしたら、見つかりますか?」というものです。

私自身、19年前バシャールに、「ワクワクすることはどうやって見つけたらいいんですか?」と聞いたことがあるので、自分の大好きなことがはっきりしないもどかしさやイライラは、よくわかります。

これまでにたくさんの人のライフワークのカウンセリングをしてきて、わかったことがあります。

それは、みんな「大好きなことが見つからない」と口では言いますが、実は問題はそこにあるわけではないということです。好きなことはなんとなくわかっているのです。でも、それを明確にしてしまった瞬間、自分に才能がないかもしれないとか、うまくいかないかもしれないという気持ちが出てきます。その可能性を直視するのが怖いので、最初から「見つからないこと」にしているだけなのです。

好きなことがまったくわかりませんという人に限って、「では、パソコンの前で一日座っていたいですか？」と聞くと、「絶対にそれはイヤです」とはっきり答えてくれたりするものです。そして、数分やりとりしているだけで、その同じ人が、「人にアドバイスをするのが好きだ」ということがわかってきたりします。

そこで、「では、カウンセリングとかコーチングとかはどうですか？」と聞くと、相手は明らかに動揺した雰囲気になり、「そのぉー、それを仕事でやりたいわけではないんですけど……」と、言い訳がましく言うのです。別にそんなことは聞いていないのに（笑）。

「そうかなぁ、可能なら仕事にしてみたいと、本当は心の中で思っていませんか？」と言ってみると、「ええ、実は、ずっとやりたいと思っていました。でも、才能がないんです、私には。だから、あやふやにしていたんです」という答えが返ってきたりするのです。

大好きなことがわからないのではなく、「好きなことがわかってしまって、自分にうまくできるはずがないと感じると苦しくなるから、好きでなかったこと」

にしているのです。

さぁ、ここまで読んできて、あなたがドキッとしていたとしたら、それは、なぜだと思いますか？

制限的な観念を見つけて手放す法

私たちは、自分の考えていることや感覚が真実だと無意識に思っています。

つまり、あなたの世界観という大きなものから、自分に価値があるかどうかということまで、今自分が持っている感覚がすべて正しいと信じているのです。

たとえば、「今の仕事以外に自分にできる仕事はない」と思っていたり、「収入源は複数持ってはいけない」と考えていたり、「素敵なパートナーは、自分には見つからない」「今のパートナーは、やっぱり変わらない」と思っていたりします。

そのすべては、制限的な観念から来ています。あなたは、どんな仕事をしてもいいし、理想のパートナーを見つけることもできるのです。

制限的観念は、あなたの両親の生き方を見たり、あなた自身が人生で見聞きした体験から、徐々に形作られていきます。

それと同じように、あなたの観念にあてはまらない人に会ったり、体験をしたりすれば、観念は変わってきます。

自分が理想とするようなものに触れればいいのです。

すばらしい夫婦関係を築いている人や、理想の仕事をしている人、素敵な友人に囲まれている人とつきあえば、自然とそれが当たり前だと思うようになれます。

それが、一番自然な制限的観念の外し方です。

感情の力を知るとパワフルになれる

人を動かす力の中で一番強いものは、感情です。思考は、人を動かしません。

多くの犯罪も、感情をコントロールできなくなったことで起きています。

感情には、人を破滅させるほどのパワーがあると同時に、人生を大きく飛躍させるパワーもあります。

恋人ができてすごくエネルギッシュになった人、子どもが生まれたことで見違えるようにしっかりした人を、あなたも見たことがあるでしょう。また、普段は冷静に見えても、嫉妬でおかしくなる人、怒りや憎しみに振り回される人はたくさんいます。

私たちのほとんどは、感情の中でも特にネガティブなものをできるだけ見ないようにして生きています。

ポジティブなものでもネガティブなものでも、感情には同じようにパワーがあります。その膨大なエネルギーを自分で自由に使うことができれば、人生が楽しくなってきます。

自分の中にあるいろんな感情を見てみましょう。それが、怒りであれ、悲しみであれ、ワクワクであれ、エネルギーであることに変わりはありません。そして、感情を感じるたびに、「私は悲しい」「私はイライラしている」「私はワクワクしている」と言ってみてください。

リアルタイムで感情を感じられるようになると、人は何倍もパワフルになれます。日常的にどういう感情を感じているのか冷静につかめてくると、人生の方向性も見えてきます。毎日イライラしていたら、何かがずれて摩擦を起こしているということがわかります。職場で落ち込んでばかりいたら、あなたはそこにいるべきではないというサインなのです。

その警告を無視していると、うつになったり、体に出て病気になってしまうと私は考えています。

逆に、自分がワクワクしている時は、あなたは自分本来の道にいるということを意味します。

ワクワクすると、自動ドアが開く

人生で一番ワクワクする時は、「流れに乗っている!」という感覚を感じている時ではないでしょうか?

それは、部活でも、旅行でも、ビジネスでも、恋愛でも同じです。怖いぐらいスムーズにいっている時こそ、人生で一番楽しい瞬間です。

一方で、やることすべて裏目に出るような感じの時もあるでしょう。

その時は、何か呪われたような、重い荷物を引きずりながら歩いているような感じがするでしょう。あるいは、逆風の中、歯を食いしばりながら進むといった感じでしょうか？

私は、この辺の感覚で、今やっていることが自分にとっていいことなのか、悪いことなのか判断するようにしています。頭ではいいことだと思っていても心がワクワクしない時は、心が感じていることのほうを優先するようにしています。

また、理性では「不利だ、損だ」と考えても、心がワクワクする時には、それをやるようにしています。あとで、それが思わぬ展開につながったということが、何十回もあります。

どんなプロジェクトをやっていてもそうなのですが、いったん波に乗り出すと、次々におもしろいことがやってきます。人が登場したり、お金が入ってきたり、自分のやることが注目を集めたりするのは、そういう時です。チャンスの自動ドアが次々に開くと言ってもいいでしょう。

怖れているうちは、まだ準備不足

ここまで読んできて、ワクワクすることだけをやってこれからの人生を生きていこうという気持ちになりましたか？

それとも、自分には難しいなぁと思っているでしょうか。

私は、毎年全国で数万人の方にお話しさせていただきますが、その終わりに、質問を受けるようにしています。その中でよくある質問のひとつに、「会社を辞めようと思うんですけど、大好きなことでやっていける自信がありません。こんな状態で、辞めてもうまくいくんでしょうか？」というのがあります。

私の答えは、「あなたに自信がないのなら、うまくいかないと思います。今は、辞めないほうがいいでしょう」というものです。

すると、質問者は、ホッとしたような、落ち込んだような顔をします。

自分でも、「辞めてもダメだろうなぁ」と何となく知っていたからです。

自分の中から静かな自信があふれるようになってこないと、そのタイミングではないと思ってください。

この世界があなたに味方してくれるから、何をやってもきっとうまくいくという感じが深いところから湧いてこないと、その時ではないのです。

たまに、アドレナリンがどっと出たように自信満々な人に出会いますが、そういうタイプの自信は長続きしません。また、ちょっとしたことで、崩れてしまうことが多いのです。

あなたが何らかの行動を始める時、そこには必ず波が起きます。新しいことをしよう、自分らしく生きようと思った瞬間に、家族やまわりの人は、その波を感知します。そして、その波に対するリアクションが返ってきます。

あなたが、これまで、彼らといい関係を築いてきていたら、ポジティブな反応があるでしょう。しかし、あなたがいい加減に生きてきたとしたら、まわりは、「また、こいつは変なことを考えている」としか思わないでしょう。

この葛藤は、あなたの頭の中、心の中でも起きます。自分らしいことをやりたい、ワクワクすることをやって生きようと思った瞬間に、「そんなの無理だ」「生活はどうするの?」「お前は、自分に才能がないことぐらい知っているよね?」など、否定的な考えが一気に出てくるのです。

最高の人生を生きている人は、この葛藤があっても前に進んだ人です。

逆に、今の人生に満足していない人は、この葛藤のために、どこかで止まったのだと思います。

何か新しいことをやる時、往々にして自分の内面か、まわりの友人や家族から、心配、不安のメッセージがやってきます。

それを「止まれ！」のサインと取るのか、「注意。ワクワクして進め！」と取るのかでは、まったく違う人生になります。

今度、あなたの人生で、怖くなったり、心配が出てきたりした時、それを理由にして止まらないでください。怖くなる時は、実は、あなたは深いところでワクワクもしているのです。

怖くなったら、ワクワクが出てくる直前のサインです。

私はそれを「コワワクワク」と呼んでいますが、ぜひその感覚を楽しんで、本当にやりたいことをやってください。

第3章

無限の未来を選ぶ

笑おう、
リラックスしよう

リラックスして行動してください。
今、明確にきているチャンスに対して
行動を起こしてください。
宇宙に、いろいろなことをさせてあげてください。

BASHAR① 80p

とにかく一番簡単にできることをする

一番ワクワクすることをやり始める自信がない時は、
一番簡単な行動を起こしてみてください。
たとえば、できるだけ笑ってみるとか。

また、自信があろうがなかろうが
とにかく行動してみることです。
行動を起こすことによってポジティブな現実がつくられ、
自信がつき、未来が開けてきます。

BASHAR GOLD 97P

チャンスが隣に来た時、すぐ気づくには

リラックスして心配しなくなると、
より早くチャンスがやって来ますし、
チャンスが来た時に見過ごしません。
はっきりとわかります。

リラックスしている時には、
自分がちゃんと自分の中心にいて、
意識も非常に冴えているからです。
そういう時には、何も見過ごすことはありません。
本当は何も見過ごすことはないのですが、
緊張しているといかにも見過ごしたような気がするのです。

あなたの姿勢、見方、それがすべてです。
あなたの見たいものが来た時、
欲しいものが来た時、ちゃんとわかるかどうかは、
あなたのあり方次第です。

あなたが座ったまま
「失敗するかもしれない、見過ごすかもしれない」と言っている時、
チャンスのほうは隣に来て「ねぇねぇ、こっちを向いて」と言っています。
リラックスしていれば、
チャンスがあなたに少し触れただけで、パッとわかります。

BASHAR①79P

笑うと、自分の中心に戻れる

あなたの笑いがすべてを明るくします。
悟りとは英語で「エンライトメント（enlightenment）」ですが、
「明るくする」という意味なのです。
「明るくすること」が、非常に助けになります。
笑うと、発散、解放ができ、
自分を中心に戻すことができるのです。

「涙」は、ネガティブなほうからあなたを中心に戻します。
しかし、「笑い」はポジティブなほうから、中心に戻してくれます。

BASHAR④194p

握りしめた手を開くと豊かさが入ってくる

両手を前に出して合わせ、手のひらを上に向けて開いてみてください。
このようにすると、手に水を受けることができます。
水は、あなたの豊かさの象徴です。
あなたが手を握りしめれば握りしめるほど、つかめる豊かさは少なくなります。
これが必要、あれが必要と条件をつければつけるほど、
あなたが持てるものは少なくなります。

でも、握りしめている手をリラックスさせていくと、
自然に何かを受け取る形になります。
リラックスして、信頼してください。
あなたの人生を、あなたのまわりの人の人生を。
そうすれば、すべての豊かさがより楽に入ってきます。

BASHAR⑧ 67-68p

あなたがやるべきことは、必ず完了できる

なぜ急ぐのですか？
なぜ忍耐力がないんでしょう。
いろんなことが完璧なタイミングで
起きているということが信じられませんか？

あなたは、自分の人生の中で経験する必要のあることを
見逃すことはありません。
スローダウンして、リラックスして大丈夫です。

あなたの人生の中で起きることは、

あなたが望む通り、選択した通りに起きてきます。
もしあなたがそれを信頼しなければ、
あなたが肉体を持った時につくり出した、
最初に決めたスケジュールを
信頼していないことになります。

まずリラックスして、信頼してください。
今回の人生でやるべきだと思ってきたことを完了しないうちに、
この人生を離れることはありません。
すべてはまったく完璧なタイミングで起きていきます。

BASHAR⑧ 51-52p

「時間」と「空間」は、あなたがつくり出したオモチャ

時間と空間は、この物理次元で遊ぶために、
あなたがつくり出したオモチャです。
そして、遊び場は「今」と「ここ」です。

BASHAR⑥44p

すべての体験は、「今、この瞬間」に存在している

過去や現在や未来は、実は存在していません。
時間というものは、幻想です。

過去・現在・未来、そして、すべての次元、
すべての場所における現実は、
「今、この瞬間」に同時に存在しています。
すべての体験が、今この瞬間に存在しているということです。
過去は、遠く昔、後ろのほうにあるものではありません。
未来も、どこか遠く、向こうのほうにあるものではありません。
すべて、今、ここに、この瞬間にあります。

BASHAR⑦ 15p

体験するのは、自分がチューニングした現実

この現実は、ラジオやテレビとよく似ています。
ラジオでもテレビでも、その中ではたくさんの番組が
同時に進行していますが、
周波数を合わせて、その時に見ることができる番組、
体験できる番組はひとつしかありません。
だからといって、みなさんがひとつの番組を見ている時、
ほかの番組が存在しなくなるわけではありませんね。

すべての周波数は同時に進行しています。
ただ、その瞬間にチューニングした周波数しか
体験することができないというだけです。

BASHAR⑦ 16p

あなたは、常に自分自身を再生している

創造は、いつも起こっています。
瞬間ごとに、あなた自身は新しく創造されているのです。
とすると、人生や時間はあなたたちの言葉でいう
「連続したもの」ではないということになります。
膨大な数の再生なのです。
あなたはいつも自分の意識や気づきをもとにして、
自分が望む方向に進んで行けるよう、自分自身を再生しているのです。

BASHAR①267p

無限の数のあなたが、無限の数の地球にいる

人生をいかに生きるかについては、可能性の組合せが無限にあります。
あなたがどういう人間として存在するかについても、
無限の組合せがあります。
あなたが「別の人」になるのにも、無限の組合せがあります。

無限の数の地球があると思ってください。
その無限にある地球のひとつひとつに、あなたがいます。
それぞれの地球に存在する台本は、
今、あなたがこの地球で持っている台本とは違います。
非常に広範囲にわたって、さまざまな違いがあります。

ある台本とは、とても違いが見出せないくらい、
ささいな差しかないもしれません。
もしかすると、その地球と今の地球でのあなたの人生との違いは、
3年前のある日、黒い靴のかわりに赤い靴を履いたことだけ。
そのくらいの小さな違いかもしれません。

反対に、考えられるかぎりの異なる生き方をしているあなたもいます。
人生を、まったくの別人として送っているかもしれません。
違う身体に生まれたり、違う性に生まれたり。

このように、並行して存在しているあなたのすべてが、
並行して存在しているたくさんの地球に、今生きています。
こうして今のあなたと並行して、
違う人生を歩んでいることになります。

BASHAR⑤ 238-239p

「今」を変えると、過去と未来が変わる

今のあなたは、少し前のあなたとはすでに違うのだと
考えることを自分に許してあげてください。
あなたの現在の考え方や定義の仕方を変えた時、
今までとは違う人間となった時、あなたは未来を変えます。
そして過去も変えます。

現在のあなたがどんな人間であろうと、
新たな定義を今の自分に許した時、
自分のこれから行く方向を、自分で決めることができるのです。
自分の現実が好きでなければ、
それをつくりあげている波動を特定してください。

BASHAR④ 66p

自分が変わると、新しい世界へ移行する

世界は変わりません。あなたが変わるのです。
あなたが、すでにそのような状態で存在している世界に行くだけです。
すべては、あなたの波動によってつくられたものです。
その波動を、より反映している現実に行くのです。
けれども、古い波動の現実もまだ存在しています。
しかし、あなたがその中でもうプレイしていないというだけです。
あなたが古い世界でプレイをしていないということすら正しくありません。
正確には、あなたは古い世界で一度もプレイしたことがないのです。
新しい世界にいる「このあなた」は新しい世界だけにいるので、
古い世界にはもともと存在していなかったのです。
「古いあなた」だけが、古い世界で生きています。

「時間」と「空間」は、
あなたがつくり出した
オモチャ

未来は、えらべる！ 164-165p

「今」を選択する力は、あなたの中にある

絶対的な未来はありません。
絶対的な過去もありません。
あるのは無限の異なる「今」だけです。
そして、この人生のこの瞬間に、
どのような「今」を体験したいか、
それを選択する力はあなたの中にあります。

これは楽しそうではないですか？

BASHAR⑦ 20p

ワクワクという「万能ツール」を使う

みなさんは、必要な道具をすべて持っています。
持っているものを使ってください。
行動に移してください。
そこから、大きな違いが生まれます。
みなさんの世界に必要な、
あらゆる違いが起きてくるでしょう。

BASHAR GOLD 328P

ワクワクして行動すればするほど、サポートされる

ワクワクする気持ちは、
完全にそろった一式の道具、万能ツールのようなものです。
あなたがそのことを理解し、信頼して
ワクワクを行動に移す意志を持つなら、
そのワクワクが必要なサポートをすべて運んできます。
お金であれ、それ以外のものであれ、
あなたに必要なものを運んでくるのです。

経済的な混乱にどう対処したらいいんだろうと思っている人は、
「このワクワクする気持ちが自分をサポートしてくれるのだと、
私はどれくらい信じているだろうか」と自分に聞いてみてください。

そして、信じている分だけワクワクを行動に移してください。
すると、その分だけ自分がサポートされることがわかります。
そして、「ワクワクする気持ちが自分をサポートしてくれる」と
もっと信じることができます。
それによって、さらにワクワクする気持ちを信じることができ、
その分だけ行動すれば、さらにサポートされます。
つまり、ワクワクする気持ち、ワクワクのエネルギーが
自分をサポートしてくれるのだと信じれば信じるほど、
よりサポートされるのです。

このようにして、「ワクワクする気持ちが自分をサポートする」
という生き方を、ゆっくりと自分のものにしていくことができます。

バシャール×坂本政道 224-226p

縫い物をするように、ワクワクをつなげる

やりたいことがたくさんあるなら、もちろん全部やっていいのです。
でも、ある瞬間についていえば、
何かひとつ、ほかの何よりもやりたいことがあるはずです。
与えられた毎瞬々々、その瞬間にあなたが一番やりたいことを、
可能な中で最大限にやってください。
そして、これはここまでと感じた時、もっとやりたいことが見つかった時、
ほかのことができる能力を身につけた時、今度はそれをやってください。

自分がワクワクすることを、ちょうど針で縫物をするように
続けて実行していく時、自分がやりたかったいろいろなものが、
本当はひとつにつながっていたことに、あとで気がつくと思います。

BASHAR⑤ 194-195p

行動することで、情熱が物質化する

本当の自分になりたいならば、
ワクワクする方向、情熱を感じる方向に進んで行動することが大切です。
「あ、自分はこれに情熱を感じているな。ワクワクするな」と
認識するだけでは不充分です。行動が大切なのです。

あなたは物質的な現実の中に生きているのですから、
情熱のエネルギーは、体を使って行動することによって
グランディング（地に足を着けること）されていきます。
電気回路を完全につなげるように、
エネルギーがあなたの中を通り、物質的な現れの中に流れ込むのです。

バシャール×坂本政道 211-212p

辞表を出すのは、人生がマジックに満ちていると確信できてから

自分の人生がマジックに満ちていると信じられないなら、
仕事は辞めないでください。
本当に心からそう信じることができたら、仕事を辞めてください。

あなたがしたいことは、何でもすることができます。
ただ、「自分はそれを本当に信じている、自分をごまかしているのではないんだ」という確信を持っていてください。
人生は本当にこのように機能しているのだということを理解し、
信頼しなければなりません。

BASHAR⑦ 79-80p

ワクワクすることを、ワクワクする方法で

ワクワクしないやり方では、
一番ワクワクすることはできません。
それでは、本当の意味でワクワクしていることにはならないのです。
想像力、イマジネーションを使ってください。
そうすれば、ワクワクすることそのものと同じ数だけ、
ワクワクするやり方を見つけることができます。

BASHAR⑦ 86p

シンプルに行動すると、パワフルな結果が生まれる

「情熱にしたがって生きる」というメッセージがみなさんにとってシンプルすぎるように聞こえるのは、私たちにもわかっています。「あまりにも単純なことは、パワフルだと思えない」みなさんはそんなふうに考えがちです。

しかし、シンプルなことが効果的でないのではありません。人間がシンプルなことに複雑さを持ち込んでしまうから、効果的でなくなってしまうのです。

情熱にしたがって生きることをシンプルに行動してみた時、とてもパワフルな結果が生まれます。
でも、行動してみないかぎり結果は出てきません。
そのぐらいシンプルなことなのです。私が保証します。

バシャール　スドウゲンキ　149p

進化する時が、一番安定している

変化が起こるのにまかせる時、あなたは一番安定していられます。
片方の足で立とうとする時のほうが、体は安定するでしょうか？
それとも二本足で歩いている時のほうが、安定しているでしょうか？
「動き」が、進化です。進化が、安定です。成長して、変化して、
そして愛してください。創造されたままの、本来のあなたになってください。
確信を持って、大胆に行動を起こしてください。

ただその中に、やさしい情熱も忘れないでください。
現実に変化をもたらしたほうがいいと思った時、自分を変えてください。
自分の意識を、こう変えたいと思うところに向けてください。
すると現実はそこにつながって、変えたいと思う方向に進み出します。

BASHAR④ 63p

「今、ここ」で遊ぶ

思い出してほしいのは、
子どもが遊ぶように、
みなさんにも
遊ぶ自由があるということです。

BASHAR④ 195p

「これが起きたら」というゲームは、やめる

「もしこれが起きてしまったらどうしよう」

というゲームはもう必要ありません。

「これが起きたらどうしよう……」と言うのはやめて、

「必ず望むことが起きる」という生き方を選んでください。

今を生きてください。
あなたが存在するのは、今以外にはありません。
永遠の生命を持っていても、
これからどんな人生を生きても、そして、また生まれ変わっても
結局、今を生き続けるだけです。
ですから、自分が生きたい「今」をつくってください。

BASHAR③ 106-107P

朝起きたら「今、一番ワクワクすることは？」と考えよう

あなたが一番ワクワクする最初のことが
その日のうちにできることなら、まずそれをしてください。
そして、それについてできることがなくなったら、
実際に行動できることで、次に一番ワクワクすることをしてください。
それについてもできることがなくなったら、
その次にできる一番ワクワクすることをしてください。

このようにして一日の終わりに、もうほかのことをする時間がなくなったら、
それは、その日すべきことをすべてやったということです。

BASHAR⑧
212p

疲れるなら、本当にワクワクしているわけではない

どのタイミングで何をすればいいか、
あなたのワクワクする気持ちに聞いてください。
「もっとやらなければ……」と無理に考えないでください。

そうすれば、どの瞬間も心地よく過ごすことができます。
自分の「ワクワク」を全体的に見てください。何かをやって疲れるなら、
それは、あなたにとって本当にワクワクすることではないということです。

ワクワクすることはあなたを疲れさせたりはしません。
いつもよりパワフルになるような、若返るような感じがするでしょう。
ですから、毎瞬々々がワクワクすることをする
ベストなタイミングなのだということを信頼してください。

BASHAR⑧ 212-213p

「遊ぶこと」の本当のパワーを知ろう

あなたが一番やりたくて大好きなこと、
想像できる中で、一番ワクワクすることをやる。
これが「遊ぶ」ということです。

統一性を持って、毎瞬々々、一番ワクワクすることをやる中に、
遊ぶことの持つ本当のパワーがあります。
それが、今、この瞬間に100%生きているということです。

遊ぶことに必要な要素は、
「その瞬間、瞬間に、自分がいきいきと反応する」こと、

「今に生きる」ということです。

また、今まで「社会とは、現実とはこういうものだ」と
教えられてきたものを、毎瞬ごとに再定義することです。
そして、自分にとって真実だとわかっていることを、
実際に行動に移す大胆さを持つことです。

あなたにとっての真実を行動に移す時、
必要なものはありあまるほどに
宇宙がサポートしてくれることを知っていてください。

自然に、スムーズに、そして永遠に。

BASHAR⑥ 12-13p

時には、自分をはしゃがせてあげる

あなたの遊ぶ力を解放する時には、
少しは自分をはしゃがせてあげてください。

自分のやっていることが、
まわりの人の目にどんなふうに映るのだろうかと
気にしすぎないように。

統一性を持ってベストを尽くしている時、
まわりの人があなたの行いをどのように見るかまで、
責任を持つ必要はありません。

「統一性」とは、こんな意味です。
「すべての人は、その人自身を含めて誰も傷つけずに、
その人の望むどんな現実もつくり出していくために
必要なパワーをすでに持っている」ということ。

これらを、まったく疑いもなく知っている状態が「統一性」です。
それがパワーです。
悟りです。マスターするということです。
そして、遊びです。

BASHAR⑥ 49-50p

脇道が喜びへとつながることもある

「ワクワクや情熱を感じる方向に進む」とは、
休みもせず、やみくもに突き進むことではありません。
それをわかっていてください。

あなたにとって最大の喜びの方向に動けないと感じた時は、
「行こうと思っていた方向とちょっと違うけれど、
これならできると思うこと」をしてみる必要があるというサインです。
脇道にそれたように見えるかもしれませんが、
それもやはり、あなたが喜びの方向に向かって
行動しているということなのです。

BASHAR2006
330p

毎瞬々々、ゼロから出発できる

鏡の中の自分を見ても、5分前と変わっていないと思うかもしれません。
それは、鏡を見た時に「これは同じ魂だ」と肉体レベルでわかるように、
みなさんが「自分は連続した存在だ」という幻想を持っているからです。
肉体がいくら同じように見えても、みなさんは毎瞬々々、文字通り、
物理的にも、まったく違う人間です。別人なのです。

ほんの少し違う考えを持った、同じ人間ではありません。
ひとつか二つの考えが変わる時、もうみなさんはまったく違う人間になります。
「毎瞬々々、自分はまったく違う人間なのだ」ということがわかり始めると、
毎瞬々々、自分の望むものを、何でもより自由に創造できるようになります。
毎瞬々々を、常にゼロから出発することができます。

BASHAR⑥ 99-100P

意識を、過去や未来から「今、ここ」に戻す

大切なのは、
あなたの意識を過去や未来にばかり投影するのをやめて
「今、ここ」に持ってくることです。
今を生きる、ということが鍵となります。
今を生きるための鍵は「完全な信頼」です。
何を信頼するか――すべてを信頼します。
宇宙を信頼し、そして、自分を信頼します。

みなさんは、宇宙の一部ですね。違いますか？

宇宙ばかりを信頼して
「でも自分は無価値だ」なんて言わせませんよ。
「自分はすべてを持っている。
だから宇宙なんてどうとでもなれ」とも言えません。

なぜならば、すべてはひとつだからです。
同じものなのです。
宇宙全体は、みなさんの反映です。
そして、みなさん一人ひとりは、宇宙の反映です。

BASHAR⑥ 19-20P

あなたは「あなたがなりたいような自分」

自分の中の考えを変えれば、違った人間になれます。
実は、毎瞬々々、あなたはまったく違う人間なのです。
「あなたは毎瞬々々違う人間です」と言ったら、
あなたはこう聞くかもしれません。
「じゃあ、私はいったい〝誰〟なのだ?」と。

それについて、私はこうお答えします。
「あなたがなりたいような自分です」と。
今も、そしてこれからも、永遠に。

BASHAR④139-140p

見て、感じて、なりきる

ものを変えていく鍵は
自分の中にあることを知ってください。
すると、3日以内に
現実の中に変化が現れてくるでしょう。

BASHAR③ 39p

「ワクワクする感じ」が、なりたい自分にならせてくれる

こうなりたいという自分をイメージして、
その人だったらこうするという行動をしてみてください。
自分の感覚を総動員して、その人がやるようにやってみてください。
その人のものの見方、感じ方、音の聴き方、匂いの嗅ぎ方。
それらをすべて、感じてみてください。
そして「そんな自分になったら本当にワクワクする」と思ったら、
そのワクワクを感じてください。あなたは、それになれます。
そのワクワクする感じが、なりたい自分になることを許してくれます。
そのワクワクする気持ちが、なりたい自分になるための動機づけとなります。
ここには、神秘的なものは何もありません。
単なる物理学です。単なるしくみです。

BASHAR④ 68p

完璧なステージが、必ず用意されている

「すばらしいインスピレーションに満ちた夢を見るけれど、
私がそこに参加する余地はない」と言う人もいるでしょう。
たとえば「私は歌手になって、人前で歌いたいのに、
誰も聞いてくれない」というように。
表現したい人、すなわちパフォーマーの一人ひとりに、
ステージは必ず用意されています。
ワクワクしてステージをつくる人には、
必ず、そのステージ上でパフォーマンスをしてくれる人々が存在します。
まあまあのパフォーマー、まあまあのステージではなく、
そのステージに完璧にフィットしたパフォーマーが、
そして、そのパフォーマーには完璧なステージが用意されます。

BASHAR⑥ 22-23P

目を覚まして、見たい夢を生きる

みなさんは今夢を見ているだけです。
なぜなら、肉体の次元は夢なのですから。
これは、言葉通りに受け取ってください。

目を覚まして、自分の見たい夢を生きてください。
あなたの理想とする人間がとる行動を、自分で演じてみてください。
その波動になれば、それに引き寄せられるものが自然にやってきます。
自分の周波数と違う現実は体験できません。
ですから、あなたのなりたい自分になってください。
みなさんには、その価値があります。

BASHAR③ 252-253p

夢の現実に自分をなじませると、現実も変わる

夢の現実に自分をなじませることによって、
あなたのエネルギーを、実際に夢を生きている時と
できるだけ近い状態に変えていってください。
イマジネーションの中で見るものに
自分をなじませればなじませるほど、
みなさんの体の意識は、それがリアルだと信じ込みます。
そして、よりリアルなエネルギーが外に輝き出し、
それを映し出す現実も変わっていくのです。

BASHAR⑧ 154p

大きく考えれば、もっと大きくできる

もっと規模が大きくなったらやろうと思っていることを、
今すぐやってみることで、自然と大きな規模になっていきます。

魚は水槽が小さいと体が小さいままですが、
水槽を大きくしてあげると大きくなります。
金魚は、なぜあんなに小さいのだろうと思ったことはありませんか？
もっと大きな水槽に入れてあげれば、もっと大きくなるはずです。

大きな形を最初からつくれば、大きくなります。
大きく考えてください。
あなたが今イメージできるより、少し大きめのほうにもっていくと、

欲しいものが全部その中に入っていて、
しかも、さらに大きくすることができます。

別のやり方でもうまくいくと信じてください。
見方はそれぞれ違っても、それらをすべて尊重したうえで、
すべてに必ずいいところがあるのだと考えることができれば、
そのすべてのいいところが見え、
すべてのいいところに耳を傾けることができます。

誰もが自分自身で自分をリードしているのだということを
まわりの人に示してあげられる時、
あなたはもっとも優れたリーダーとなります。

BASHAR②254-256P

奇跡とは、自然なことが、自然に、瞬間的に起こること

思い出してください。
本来、世界は魔法に満ちたものでした。
でも、みなさんはすでに学びました。「奇跡はあまり起きないのだ」と。
しかし本当は、あなたのまわりのすべてが、
奇跡に満ちたものだったのです

みなさんは、「普通でないこと」や
「説明できないこと」が起きた時、「奇跡が起きた」と言います。
でも、子どもは知っています。
奇跡とは、自然なことが、自然に、しかも瞬間的に起こることなのだと。

奇跡は、宇宙の法則に反したものだと思うかもしれません。
けれど、本当はまったく正反対です。

自然が一番自然な形で作用することを
許された時に、奇跡が起きるのです。
それが瞬時に起こるのを許された時に、奇跡は起こります。

みなさんはすべて、奇跡的な存在です。
そして、あなたの中にいる「子ども」は、
それを知っています。

BASHAR④ 198-199p

変革は、一瞬のうちに完了する

一本のゴムヒモの一方の端がポジティブな世界で、
もう片方がネガティブな世界だと思ってください。
ネガティブなほうの端を引っ張れるだけ引っ張って手を離すと、
その端はものすごい速さでポジティブなほうへ飛んで行くでしょう。
極限まで行っていれば、変革は一瞬のうちに完了します。
あなたが、それをやるのです。

BASHAR①283p

あなたは、すでに成功そのものである

成功とは、あなたが生まれながらに持っている権利です。
あなたは、それ以外のものには、ふさわしくありません。
成功するために、何かを学ぶ必要もありません。
なぜなら、あなたはただ存在しているだけで、
すでに成功そのものだからです。

あなたが考えなければいけないことは、ただひとつ。
すでに成功そのものであるあなたが、
その成功をどんな形で表現していきたいか——それだけです。
そして、その方法が、
「どの瞬間も、もっとも情熱を感じる状態でいる」ということなのです。

BASHAR2006 271-272P

本田健
メッセージ
3

今が変わると、過去と未来が変わる

現在、過去、未来の関係については、これまでずっと気になっていました。

私たちの一般的な常識では、過去があって、現在、そして未来へと時間は流れていると考えられています。

しかし、バシャールは、現在と過去、未来は同時に存在していると言います。

最初は、何のことを言っているのか、さっぱりわかりませんでしたが、自分の人生が大きく変わってからは、実感を伴って、理解できるようになりました。

私事になりますが、私は幸せとは言えない子ども時代を過ごしました。父の飲酒の問題で家族全員が苦しめられ、家には黒い雲が漂っていました。父の暴力が止まらず、家の物が壊れたり、家族が殴られたりということがありました。だから、子どもの頃は毎日不安と怖れでいっぱいで、びくびくしながら暮らしていたのです。

ありがたいことに、いろんな癒しのワークのおかげで、今は心の平安を得て、幸せに暮らせるようになりました。それは、なぜ父がそうなってしまったのか、私なりに深く理解できるようになったからです。

父も子ども時代に、祖父の飲酒の問題で苦しんだこと。自分の母親に尽くすことに精いっぱいで、自分自身の幸せを見失ってしまったこと。母親が死んでから、どうやって生きたらいいかわからなくなって、お酒に走ってしまったこと。父の心の闇を理解することで、父のことを許せるようになったし、過去を受け入れられるようになりました。何より、父も自分と同じ境遇にいたことに気づき、彼の深い悲しみや絶望感を自分も共有しているのだとわかったのです。

そして、現在の意識が変わったのに並行して、過去が暗いものではなくなりました。あれほど、苦しめられ、悪夢の原因になっていた子ども時代ですが、今では、幸せな思い出でいっぱいです。

それと同時に、未来に対して、気持ちが明るくなりました。どんなことが起きても、きっとすばらしい未来が待っていると実感できるようになったのです。

20年前の私は、過去のことを思い出すと気分が暗かったし、未来に対してもネガティブでした。しかし、自分の認識が変わったおかげで、今は、過去も、未来も同じようにすばらしいと感じられます。

これが、現在が変わると、過去と未来も同時に変わるという意味です。事実は変わっていないのに、本当に不思議です。いや、事実すらも変わってしまっているのかもしれません。それが、パラレルワールドということなのでしょう。

パラレルワールドの存在を知るとラクになる

パラレルワールドの話が出てきたので、もう少し進めましょう。並行世界とも訳されますが、このパラレルワールドという概念が感覚的に理解できるようになって、私は人生がラクになりました。

不幸な自分、幸せな自分が同時に存在している。若い頃にやっていた会計の仕事をそのまま続けている自分と、作家になった自分。アメリカに住み続けた自分と、日本にいる自分。

どちらもありだと思ったら、冷静に、「どちらにしようかな?」とレストランでメニューを見ているような感覚で、人生を選べる気がしてきます。「どれを選んでもいいのなら、本当に欲しいものをもう少し吟味しなくちゃ」というワクワクした感じになってきます。

あなたには、最高の人生が用意されている

あなたには、簡単に信じられないかもしれませんが、「最高の人生はもう用意」されています。

あなたが、まだそれを受け取っていないだけなのです。

制限的観念は、おもしろいものです。「自分にはできない」と思う人には、できません。

しかし、いったんその制限が外れると、どんどん自由になってきます。私もこのことを教えてもらってからは、制限を外すために、自分の制限的観念を探し始めました。

たとえば、「お金は重荷だ。持ちすぎるとよくない」という観念を見つけ、たくさん持ってもいいと思うようになったら、実際の収入がアップしました。

「この世界には、怖れがいっぱいだ」と思っていたのを、「すばらしい人もたくさんいる」と考えを変えると、実際に素敵な人と次々と出会うようになりました。自分の中にある制限的観念が見つかるたびに人生が劇的に変わったので、もう宝探しのように、夢中になりました。

そして、それと並行して、自分の夢が次々に叶うようになっていったのです。

スピリチュアルなことが大好きな人の中には、引き寄せの法則を信じる人も多いと思います。「願えば、それは実現する」と信じたいところですが、そんなに簡単にいかないことは、誰しもが体験していることでしょう。

もちろん、願っただけでは無理ですが、最初に願わなければ何もスタートしません。無理かなと思いながらも、最高の人生をイメージしてみてください。あなたの中に夢があるということは、実現の可能性もあるのです。

もう一度言います。あなたには、最高の人生が用意されています。

もし、それが本当だとしたら、それはどんな人生ですか？

ただ、あなたの理想の世界を選ぶだけ

私たちは、つい物事を難しく考えがちです。そして、自分がつくった制限の中で、がんじがらめになってしまっています。

この本で私が最後にお伝えしたいのは、「ただ選ぶ」だけということです。

あなたが本当に望むものを選ぶ、ただそれだけです。

もし、何を選んでもいいとしたら、あなたは何を選びますか？

どういう場所に住んで、何をやりますか？　誰と一緒に時間を過ごしますか？

もし、まだ特定の人が思い浮かばない場合は、どんな感じの人と一緒にいたいでしょうか？

子どもがはしゃぐように、生きてみよう

あなたが自分を忘れて、思いっきりハメを外したのはいつですか？

死ぬほど笑ったのは？　楽しくて時間を忘れたのは？

もし、最近そういうことがなかったら、人生を楽しんでいなさすぎです。

人生は、体験です。あなたが体験すること、それがあなたの人生です。

あなたが老人ホームに入る頃、一番の幸せな思い出は、どれだけ資産を築いたかや社会的な業績を残したかではありません。

どれだけ楽しい体験があったかです。それも、ごく個人的なものです。あなたのお子さんが小さい頃、一緒に砂浜で遊んで真っ赤に日焼けしたこと。河原を自転車で走り回ったこと。そして、夏にキャンプをして大雨に降られたことなどが、忘れられない幸せな思い出になるのです。

そして、あなたが挑戦したことも楽しい思い出になるでしょう。

断られるのを覚悟で告白し、見事ふられたこと。怖いけど、脱サラしたこと。やりたいことに挑戦して失敗したこと。負けずに立ち上がったこと。

そういったことのひとつひとつが、すばらしい思い出として残っていくのです。

「派手な失敗」をするぐらい、ワクワクする人生を！

80代の方にインタビューして思うのは、平坦な人生を送った人の話は聞いていても、ちょっとつまらない感じがすることです。学校を卒業してすぐ役所に勤めて、無事定年。それからずっと盆栽いじりをしていたような人の話を1時間聞いても、「おおっ！」という話は出てきません。

でも、10代で商家の丁稚をやり、独立。派手に失敗して、破産。また、誰かに助けられ復活するも、傲慢になって裏切られて2度目の破産。それから、まさかの復活を遂げるという話は聞いていてもワクワクします。結婚も、2度、3度失敗している人の話はおもしろいものです。

ワクワクすることをやったら、必ずと言っていいほど、あとで赤面するほどの失敗をします。その失敗を何回も体験したあとに、うまくいくわけですが、最初から失敗を怖がっていたら、何もできません。

失敗を想定する必要はありませんが、失敗が気にならないぐらいワクワクすることをやってみてください。

そのうちに、あなたは、あなたがつくり出した夢の中に生きていることに気づくでしょう。

あなたが本当のワクワクを見つけ、それを追いかけられますように！

バシャール
新メッセージ

今、新しい生き方を選ぶ

みなさんは今、
この現実で体験していることはすべて、
自分自身の一部であり、
自分を象徴し、映し出しているものなのだということを
理解し始めています。

誰一人、例外になる人はいません。
すべての人に適用され、みな同じように体験することです。
誰にとっても、現実はその人が映し出されたものなのです。
ですから、あなたがある周波数と合った時、
その周波数の物事が起こります。
あなたは文字通り、山さえも動かすことができる感覚を得るのです。

なぜなら、それらはあなたの一部であり、あなたの延長だからです。
あなたはそれを理解し、はっきりと認識するようになります。
自分自身が山なのだということも理解します。
あなたは、自分が木であり、鳥であり、
ミツバチだということもわかるでしょう。
今後、この気づきを受け入れていく意図を持ってください。

抵抗しないでください。
抵抗しないでください。
決して抵抗しないでください。

もしあなたが抵抗するとしたら
痛みだけが大きく膨れ上がり、ネガティブなことだけが拡大して
状況は、ますます困難なものになっていくでしょう。
私たちは、みなさんにそうなってほしくはないのです。

それでも自分は抵抗を選ぼうと言うのならば
私たちは常にあなたの選択を尊重したいと思います。
そして、その通りに物事は創造されていくでしょう。
なぜなら、あなたが創造しようと選んだすべてのことは応援されるからです。

例外は、ありません！

そこには、ひとつの例外もありません。

「私は例外ですよね？」

いいえ、どこにも例外はありません。

ぜひ、これも覚えておいてください。
もしあなたが謙虚なつもりで
「自分だけは例外で、自分には創造の法則が働いていることなどあり得ない」
と考えているとしたら、それこそ、もっとも傲慢な態度です。

つまりあなたは、自分だけはすべての創造物とは別物で例外であり、
創造の法則は効かないのだと言っているようなものだからです。
それは、傲慢な態度です。

あなたは、贈り物を授かったのだということをよく理解してください。
それは、「人生には意味がないのだ」というすばらしい贈り物です。
人生に、もともと組み込まれている意味など一切ないのです。
「あなた」こそが、一瞬々々与えられている人生を、
あなたにとって意味のあるものにすると決められるのです。
2015年までは、この事実は今まで以上にもっともっと重要になってきます。

あなたが自分の望むように人生を決め、
すべての環境や状況を決めていくことがとても大切になってくるのです。
たとえ、あなたの思考やエゴが
あなたがそうやって生きた時にどれほどポジティブな結果が

出るのかを理解しないとしても、自分にこう言い聞かせてください。

「思考やエゴは、どうしたらよい結果が出るのかを理解する能力がないのだ」と。

あなたがすべきことは「必ずそうなるのだ」と知ることであり、そして、あなたのハイヤーセルフ（高次の自分）がそうなるように導いてくれるのだと知ることなのです。

確実に保証されているのです。

もしあなたがその方法で生きようとすれば……です。

念のため、もう一度言っておきます。

これから2015年にかけて、ぜひとも、今まで話してきたようにこれまでの概念をくつがえすこの考え方のエッセンスを、積極的に実践していってください。

それが、今後あなたが体験していくすべての現実の
バランスをとる視点となっていくからです。
まわりの状況はまったく問題ではありません。
あなたがどのように存在するか、それだけが問題なのです。

http://bashar.org/より
協力：地球人のためのスピリチュアルレッスン／平山由紀子
http://vaststillness.com/

おわりに

本書を最後まで読んでくださって、ありがとうございます。

この本には、バシャールの名言集だからこその迫力があり、そのメッセージはみなさんの心の奥深くに届いたのではないでしょうか。

「あなたが笑うと、世界が笑う」

「あなたは、『不自由』になれるほど、自由である」

「怖れは、ポジティブなメッセンジャー」

など、衝撃的でパワフルな言葉がいっぱいです。

この本を手に取ったあなたは、今どんな生活を送っているのでしょうか？

毎日ワクワクして生活していますか？

それとも、何となく退屈な感じ？

あるいは、気分がふさぎがちでしょうか？

今どんな状態でも、ここからどうするかは、あなたが選択できます。

このままの生活を続けてもいいし、まったく違う生き方を選択してもいいのです。

バシャールのメッセージを最初に聞いた20年近く前、私も彼が言っていることをすぐには信じられませんでした。

「ワクワクすることをやってうまくいくのなら、みんなとっくにやっているよ！」と、ちょっとイライラしたのを覚えています。

「才能がある人」「お金があって働かなくていい人」は、ワクワクでいけるかもしれないけれど、普通の私はとにかくがんばるしかないと考えていました。

当時の私と同じように考えている人もいるのではないでしょうか。

バシャールは、「どんな瞬間でもワクワクすることを選択する」のが、鍵だと言います。

20年間、試行錯誤してわかったのは、ずっとワクワクしていると、エネルギーレベルがアップするし、そうでないと、ダウンするということです。

「ランチを何にするか？」という簡単なことから、ワクワクするかどうかで決めればいいのです。そうやって、「ワクワク筋」を鍛《きた》えていくうちに、自然と大好きなこと、本当に心が「ＹＥＳ！」ということに、向かっていけるようになります。

いったん、結果が出始めると、しめたものです。あとは、ワクワクの扉が、次々と開いていきます。そうやっているうちに、あなたの心の奥深くに眠る才能がだんだん目を覚ましてきます。すると、自分でもびっくりするような天才性が発揮されるようになって、おもしろいドラマがスタートします。

そこまでくると、もう人生を自動運転モードに切り替えても、スムーズにいくでしょう。逆に言うと、あなたが今流れに乗っていなければ、本当にワクワクして生きていないということなのです。

人生には、二通りの生き方しかありません。

「心からワクワクして生きる人生」と、「それ以外」です。

あなたのハートは、何と言っているでしょう。心を静かにしないと、その声は小さくて聞こえないかもしれません。

ぜひ、あなたのワクワクを追いかけてください。きっと、おもしろい人生が待っていることでしょう。

本田　健

本書は、
小社既刊書籍「バシャールシリーズ」から
言葉を抜粋して再度翻訳し、編集したものです。

出典
『BASHAR①〜⑧(バシャール・ペーパーバック①〜⑧)』
『BASHAR GOLD(バシャールゴールド)』
『BASHAR 2006(バシャール2006)』
『バシャール スドウゲンキ』
『バシャール×坂本政道』
『未来は、えらべる! バシャール 本田健』

バシャール（Bashar）
ダリル・アンカがチャネルする宇宙存在。1987年の初来日以来、「ワクワクすることをして生きよう」をはじめとする斬新で真理をついたメッセージは、多くの日本人の生き方に影響を与え、シリーズ累計は200万部を突破。

本田　健（Ken Honda）
累計500万部突破のベストセラー作家。経営コンサルティング会社やベンチャーキャピタル会社など複数の会社を経営する「お金の専門家」。バシャールとの対談『未来は、えらべる！』（ヴォイス刊）が、10万部越えのヒットとなる。主な著書『ユダヤ人大富豪の教え』『20代にしておきたい17のこと』など。

ダリル・アンカ（Darryl Anka）
バシャールとの合意のもと、1984年以来、世界各地でチャネラーとして活躍。現在は、ロサンゼルスを中心に活動中。ハリウッドの映画産業を担う、特撮デザイナーでもある。

人生に奇跡を起こすバシャール名言集

2012年8月8日　第1版第1刷発行
2022年5月30日　　　　第4刷発行

著　　　　者　ダリル・アンカ
翻訳・解説　本田健
編　　　　集　江藤ちふみ
Special Thanks　本田ジュリア
装幀・本文デザイン　今東淳雄
発　行　者　大森　浩司
発　行　所　株式会社ヴォイス
〒106-0031 東京都港区西麻布3-24-17 広瀬ビル
☎03-5474-5777
FAX 03-5411-1939
www.voice-inc.co.jp
DTP組版　石渡君子デザイン事務所
印刷・製本　株式会社光邦

ISBN978-4-89976-354-3 Printed in Japan

バシャールのワクワクシステムを映像から学ぶ

引き寄せるNew reality!! VOICE DVDシリーズ

バシャール・チャネリングDVDシリーズ

★BASHAR GOLDのもとになったワークショップ映像
※Q&Aの一部は内容により他の章に収録
★全タイトル日本語通訳付

バシャールのユニークな世界認識が映像の中で展開する！　書籍「バシャールゴールド」のベースとなった、バシャールが日本の精神性にもっとも大きなインパクトを与えていた時期の強力コンテンツ。

【全5タイトル完全セット】 定価：28,333円+税 ISBN978-4-89976-256-0（各巻別売りあり）

創造する舞台 1357の実現法則in鎌倉能舞台
122分×2枚 定価：9,333円+税
ISBN978-4-89976-252-2

世界は比喩である（3部作その1）
146分 定価：4,750円＋税
ISBN978-4-89976-253-9

世界を癒す（3部作その2）
147分 定価：4,750円＋税
ISBN978-4-89976-254-6

世界を構築する（3部作その3）
135分 定価：4,750円＋税
ISBN978-4-89976-255-3

公開Q&A
122分 定価：4,750円＋税
ISBN978-4-89976-251-5

2017年発行！働く女性の代表として安藤美冬がバシャールに聞く
『未来を動かす』
バシャールが新たに語る、「最高の人生」へシフトする方法

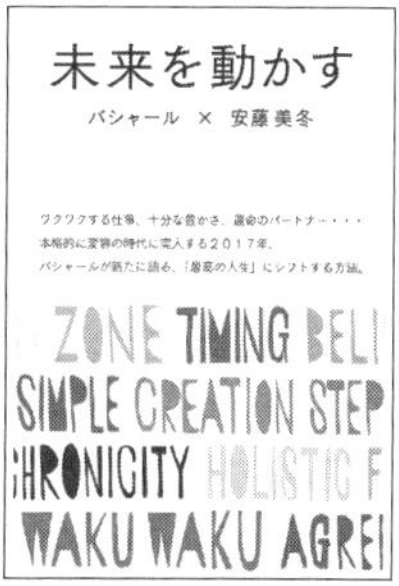

<Contents>

WORKING「仕事」×「お金」
仕事も豊かさも情熱を追いかければうまくいく

WORKING「仕事」×「SNS」
リアルからバーチャルへ、そして人はリアルへ還っていく

LOVE＆PARTNERSHIP「パートナーシップ」×「出会い」
この世で出会ったすべての人とはなんらかの約束を交わしている

LOVE＆PARTNERSHIP「パートナーシップ」×「多様性」
地球人の理想的なパートナーシップとは？

LIFE「人生」×「断捨離」
いらないモノを捨てて、いらない観念を捨てて、他人と比較する人生を捨てる

LIFE「人生」×「時間」
過去を悔やまず、過去を煩わない。過去も未来も「今ここ」にある

定価1,600円＋税 バシャール（ダリル・アンカ）＆安藤美冬／四六並性198頁
ISBN978-4-89976-465-6

お求めは、お近くの書店、ブックサービス（☎0120-29-9625）、または小社HPへ